生活因阅读而精彩

生活因阅读而精彩

独一无二的
简迷珍藏本

# 假若爱有天意

## 简·奥斯汀情传

北妮 著

中国华侨出版社

图书在版编目(CIP)数据

假若爱有天意：简·奥斯汀情传 / 北妮著.—北京：中国华侨出版社,2014.1

ISBN 978-7-5113-4408-3

Ⅰ.①假… Ⅱ.①北… Ⅲ.①奥斯汀,J.(1775~1817) –传记 Ⅳ.①K835.615.6

中国版本图书馆 CIP 数据核字(2014)第 023135 号

**假若爱有天意：简·奥斯汀情传**

| | |
|---|---|
| 著　　　者 / | 北　妮 |
| 责任编辑 / | 宋　玉 |
| 责任校对 / | 高晓华 |
| 经　　　销 / | 新华书店 |
| 开　　　本 / | 787 毫米×1092 毫米　1/16　印张/16　字数/220 千字 |
| 印　　　刷 / | 北京军迪印刷有限责任公司 |
| 版　　　次 / | 2014 年 4 月第 1 版　2020 年 5 月第 2 次印刷 |
| 书　　　号 / | ISBN 978-7-5113-4408-3 |
| 定　　　价 / | 48.00 元 |

中国华侨出版社　北京市朝阳区静安里 26 号通成达大厦 3 层　邮编：100028
法律顾问：陈鹰律师事务所
编辑部：(010)64443056　64443979
发行部：(010)64443051　传真：(010)64439708
网址：www.oveaschin.com
E-mail：oveaschin@sina.com

# 简·奥斯汀

## ——写给自己的情书

在开始探寻一位英伦作家的一生之前,我突然想到一个关于中国大儒钱锺书的轶事,当年钱大学者写完了《围城》,一位美国读者非常喜欢,硬是要登门造访,不过他非常幽默地婉拒道:"假如你吃了个鸡蛋,觉得不错,何必非要认识那下蛋的母鸡呢?"大学者就是大学者,三言两语,堪称四两拨千斤,连拒绝人都拒绝得那么妙趣横生,让人丝毫不觉得尴尬。但是,我们必须承认,大多人都有着孜孜不倦的好奇心,或者说得通俗一点,可能是八卦的心,吃了鸡蛋,还真的就想认识一下那只下蛋的母鸡,想弄清楚为什么这只鸡的鸡蛋就如此地与众不同呢?

既然这样,那话题就不扯远了,回到我们的简·奥斯汀上,在读完了她享誉世界的《傲慢与偏见》《艾玛》《劝导》等名著之后,我们还真的就很好奇,这样一部部关注于小范围的作品，文中也没有重大矛盾和激荡的文字，她怎么能就用如此机巧和流畅的语言，道尽了英国绅士与淑女之间的婚姻和爱情？如何能在不动声色的描述中，将十九世纪英伦的田园风情和古典情怀刻画得含蓄却让人心驰神往？

简·奥斯汀在初始写作的时候肯定没有抱有在文坛大展拳脚的宏愿，一切的初衷不过是对一段逝去的时光和爱情的寄托罢了。只是上苍的眷顾总是来得这样曲折婉转，在前维多利亚时代的奥斯汀，没有收获理性的爱情，却在文字的诗意空间中获得了最完美的真爱。她在一部部脍炙人口的小说中，自说自话，为自己，也为全球女性写下了情意绵绵的情书，更靠这份情书赢得了在世界文学女性书写中永恒的光芒和荣耀。

她逝世时年仅四十一岁，也从未曾离开过英国，却毫无疑问地是英国女性作家在世界文坛最被广泛熟知的代表人物；她情路坎坷，终生未嫁，但在她的作品里，女主人公最终都收获了美满的婚姻。喜欢她的人认为她把爱情嫁给了文字，写出了大多数女性心中简单的梦，讨厌她的人直指她文字的自欺欺人与通俗浅薄……当全球的简迷为奥斯汀的一部部小说搬上大银幕欢呼雀跃时，厚重的历史公允地给了奥斯汀最恰如其分的评价：虽然她一直都被矛盾与质疑所困，却仍旧无法否定她的文字甚至是她的生平，对英国文坛乃至全球女性主义崛起产生的影响力。

本书只是想通过回溯这位十九世纪英伦女作家的一生，找到两百年后她的文字依旧充满生命力的渊薮所在，找到大洋彼岸的那个曾经被称为"日不落帝国"的古典风情，从而还原她并不太长的一生，或许我们会发现，她一生其实并非有文学的雄心壮志，只是迷文恋字，将岁月和情致迁徙淬炼成文字里的绕指柔情，沉淀为写给自己的情书，以此坚持着她那宛如锦衣夜行的小小骄傲，和对爱情未曾改变过的一份初衷。

# 目录
CONTENTS

**第一章**
**押注幸福的一场浪漫豪赌**

邂逅：众里寻他千百度 / 003
热恋：两情相悦的炽热情愫 / 008
私奔：孤注一掷的爱情冒险 / 013
离去：你不在成就了回忆 / 019
离去：爱别离的缠绵悱恻 / 024

**第二章**
**总是回不去的豆蔻年华**

父亲：英伦乡绅的最初形象 / 033
母亲：温婉贤惠的名门闺秀 / 038
姐妹：终身陪伴的亲密无间 / 044
拮据：瑕不掩瑜的拮据生活 / 050
社交：崭露头角的英伦甜心 / 055
闺情：侄女的相知与背叛 / 060

**第三章**
**伤疤下再生的是知性**

遗忘：笑着遗忘是最好的祭奠 / 067
悲悯：祸不单行的患难姐妹 / 073
克己：拒绝没有爱情的追求者 / 078
创作：堪比莎翁的女性作家 / 084
成名：洛阳纸贵的女性写手 / 089
淑女：摄政式风格的女性投影 / 094

**第四章**
**平淡优雅的成长一如蔷薇**

忧喜：时空交错的忧喜交加 / 103
文坛：童年的游戏之作与以生命为墨的创作 / 108
两寸象牙：方寸世界中的彼岸天堂 / 114
声响之门：谦卑天真的中年写作 / 118
成长：心有千千结的羽化 / 124
邂逅：擦肩而过的偶然之爱 / 129

**第五章**
**浪漫不再半途而废的再次私奔**

怀旧：自我克制的悲壮抒情 / 137
遇见：英雄救美的爱情传奇 / 142

错误：作为过客的美丽 / 148
出走：中止的浪漫幻想 / 153
寂然：名亡实存的自由之爱 / 158
永别：惨淡经营现实的勇气 / 163

## 第六章 邂逅
### 所有的故事总有个美丽的开始

爱上：容易陷入爱情的女人 / 171
刻薄：不为人知的倨傲 / 176
邂逅：众里寻他千百度 / 181
理智：理性放弃成就的永恒 / 186
情感：感性召唤的终极浪漫 / 192
炎热：难挨而又亢奋的过往 / 198

## 第七章 不嫁
### 失去了爱情我只好守住内心

弃约：放弃财产丰厚的求婚者 / 207
沉默：固守内心的沉默是金 / 213
自由：温馨而残酷的灵魂港湾 / 218
孤独：人类永恒的疾病 / 223
迟暮：岁月悄然褫夺青春 / 228
离世：恋恋风尘的不舍诀别 / 234
缅怀："简姑妈神话"的建构 / 240

# CHAPTER

## 私奔 01 ♥
### 押注幸福的一场浪漫豪赌

  每个女人都向往人生中起码要经历一次轰轰烈烈的爱情,即便粉身粹骨,也于愿足矣。简·奥斯汀不过也是一小小女子,对爱情的痴情缠绵想象与常人无异。但令人震撼的是,她为了心中炽热的恋情毅然走上了私奔的决绝之途,不能不说是一曲令人荡气回肠的精彩乐章,更是一局注定要输掉的浪漫豪赌,而这赌注便是爱情本身。

## 邂逅：众里寻他千百度

1796年，20岁的奥斯汀遇到汤姆·勒弗伊。情窦初开的她对这个聪明狡黠的爱尔兰年轻律师一见钟情。

在简坠入美好的初恋之前，她已经出落成一个亭亭玉立的美丽女子，虽然算不上是标准的美人，也自是娴静得体、气度不凡的。据她的家人回忆，她是一个身材高挑的女子，有着圆圆的俊秀的脸庞，浑身充满活力的激情。无论走到那里，这样的女子势必会成为众人瞩目的焦点。而在家庭成员众多的奥斯汀家，简与姐姐卡桑德拉这两个女儿，她们自是众人瞩目的焦点。

玛丽·罗素·米特福德说：简是她记忆中"最漂亮、最单纯、最容易受感动的在寻找丈夫的花蝴蝶"。

这样的评论带着玛丽本人的主观色彩，简·奥斯汀的忠诚崇拜者想必是不想让人评价自己的偶像是一个与普通女子无异的小小少女，她也需要爱情，需要丈夫。

但是毋庸置疑的是，简在旁人的眼中是极富吸引力的那种女子，在社交场合中想必也是如鱼得水、好不快活的了。她嗓音如天籁，能歌善舞，性格活泼开朗，又不失优雅端庄。

奥斯汀的哥哥亨利对她的评价是另外一种描述。

她相当具有个人魅力……她五官端正，组合起来给人一种无比愉悦、感性与可亲的感觉，恰好反映出她的真实性格。她的皮肤细嫩光滑。说她雄辩的血液透过她羞怯的脸颊发言，也不为过。

而勒弗伊也定是一个翩翩的美少年，在一个偶然的时间里，悄然出现在简的面前。她感到猝不及防，对方也必定惊艳于眼前这明眸皓齿的玉人。只是出于当时的社交礼节，他不会有过多的溢美之词，与这位素未谋面的简·奥斯汀小姐不过淡淡地递过一句问候。

英国人尽管生性保守，但是他们对社交的热衷却是无人能及的，不管处在什么时代，公共生活的重要性是不言而喻的。尤其是出身门第较高的成年男子，如果在社交场合能如鱼得水，就几乎成为了一种荣誉和赞许。

钟爱社交的年轻的奥斯汀，获得了自己想要的绚烂缤纷的生活，尽管她的家境并不富裕。

简的表姐伊丽莎·费丽德早就听闻自己的两个表妹都已长成为无瑕的美人，并且虏获了无数男子的心。

在遇到勒弗伊之前,简的追求者究竟有多少,又有着怎样的啼笑皆非的故事,21世纪的我们不得而知这些秘而不宣的史实。

简纵然是决意要在社交场合中物色到自己的终身伴侣,也绝不会草率地将自己的拳拳情谊随随便便托付给别人,这个人必须要是心有灵犀的、知她懂她的,不具有这样的条件是不会入得了简的法眼的。

年轻律师勒弗伊条理清晰,理智克制,却又不乏热血激情和浪漫的想象力,这样聪明的绅士与简不正是登对的郎才女貌?

勒弗伊与奥斯汀相遇的迪恩小屋,现在成为了炙手可热的旅游景区。当游客故地重游,在这间见证简·奥斯汀爱情的小屋中,必会唏嘘感叹,发出一通"有情人无法终成眷属"的感慨,随即拂袖而去,发誓再不来这伤心地了。却在下次的旅行行程中,无争议地再次选择了这间小屋,即使是感叹,人们也愿意为真挚的爱情洒上那几滴眼泪。作为祭奠,抑或是另一种形式的经历。

搬离迪恩的奥斯汀一家有重返迪恩聚会的可能,那时的英国中上阶层人士之间的社交活动风行,成年的女子都要在社交场合上崭露头角,而多才多艺的奥斯汀姐妹在当地的社交界也是风光无限。

简势必也如她小说中那些美丽的女主角一样,在一场场的舞会中迈着欢快的步子,与男主角执手跳跃在音符的节拍上,幸福无限。

奥斯汀和勒弗伊是心有灵犀的伴侣,只在人群中多看了彼此一眼,便确定了彼此的特别邂逅。正如渥伦斯基对安娜的爱火的燃起不过是在熙熙攘攘的人群中捕捉到了安娜脸上的光,那种光是一种被压抑的生气。

林黛玉之所以能够成为贾宝玉心中的唯一所爱,不是因为什么木石前盟,而是林黛玉是唯一一个知道宝玉想要什么的人,她从不强迫贾宝玉去做什么"仕途经济"的营生，和宝玉一样，对这类蝇营狗苟的事情，向来是不屑一顾的。

勒弗伊不是达西，现实中简的爱情必然不似伊丽莎白和达西之间的"傲慢与偏见"的延宕之爱，而是心意相通的一见钟情。勒弗伊邀请简跳舞，简微笑伸出手，二人手指相扣，在舞池中翩翩起舞。随风飘荡的裙摆，甜美的笑容，炙热的目光……

从奥斯汀塑造的众多能够在口舌上占上风的女性角色来看，奥斯汀在日常生活中的机敏和活泼可见一斑，能够在社交场合凭借话语的魅力博得关注的女人在奥斯汀看来更有魅力。伊丽莎白并不算时髦，距离美貌也还有一段距离，却能够成为高傲的达西念念不忘的心中所爱，这便说明了一切。

情窦初开时的爱，是爱你在心口难开的小鹿乱撞，事实上，一切的发展是水到渠成的，不需要一句正式和刻意的询问，相爱的人之间总有他们自己的默契。

在惴惴不安的忐忑心情下，勒弗伊挑选了一个时机，想要表白自己的情意。人们一定会惊奇，18和19世纪之交的英国，真的是一个奇特的所在，人们既是极端保守的，却又是特别开放的。如果一个男子对一个女子有意，可以非常坦率地向对方说明自己的心意，如果对方也如此，便可找双方家长商定婚礼的事情，如果家长也没有异议的话。父母之命和媒妁之言都是建立在女方自愿的前提之上的。

勒弗伊最后定是没有说出那些俗套的表白之词的，他们已然是一对人人称羡的情侣了。

勒弗伊对奥斯汀定是发乎情、止乎礼的，定不会有越雷池一步的言词，而事实也证明，其实两人的爱情故事非常简单，不过是一起跳跳舞、聊聊天。所以，二人的关系从未有一个所谓公开的说明，倒不如说是二人心照不宣、水到渠成的完美恋情。

尽管陷入爱情太深的奥斯汀在家人看来有些过于随意，甚至没人喜欢她和勒弗伊之间的调情。这自然是后话了，不过这没有影响到奥斯汀的好心情，她的青春和爱情是一起发酵的，在18世纪的英伦乡间，爱情之花静静地开放着。

但对于20岁的奥斯汀来说，一种巨大的幸福感已经将她包围，他们已经坠入了充满浓情蜜意的爱河之中。

一向认为，恋情的最美好时刻是猜测对方心意的暧昧期，每天都在小心翼翼地试探和浅尝辄止的甜蜜中有种微醺的陶醉，这是分量刚刚好的小酌，是对爱情禁忌不敢随意打破的谨慎，更是太过在乎的热忱。

而最完美的爱情一定不是口口声声地说爱，而是在不经意的某个电光石火的瞬间，她想爱，他也一样。他想说什么，她通通知晓。完全不需要用任何言语来表达就已经深谙了，他们因此激动不已：他们都爱上了彼此。

## 热恋：两情相悦的炽热情愫

王小波在《爱你就像爱生命》里这样描述过爱情。

"我和你好像两个小孩子，围着一个神秘的果酱罐，一点一点地尝它，看看里面有多少甜。"

王小波和李银河的爱情向来被世人称道，王小波调皮真挚而又自然的爱情表达总是让人忍俊不禁。李银河将王小波写给她的情书结集成书出版，成为二人不朽爱情传奇的永恒纪念。

于是有感而发，如果恋爱，那就找一个有才情的诗人去恋爱吧，因为他会用世界上最优美动听的语言把他唱给你听，把他的爱情化作诗歌变换不同的节奏，就如同你因爱情的撩拨而忐忑不安的心。

文字之下的爱情更美，文字之下袒露的是爱人真率的赤子之心。即使没有文字，他也会用他的心灵谱写最美的爱情诗篇。

奥斯汀也是一个诗人，不是谁都能随便驾驭的有才华的一个女子，更不是会轻易爱上的女子。而一旦爱上便赴汤蹈火在所不惜。而恰逢那个值得飞蛾扑火的人出现了，王小波和李银河的爱情，总会有超越时空的共鸣者：奥斯汀和勒弗伊。

奥斯汀生命中最重要的第一个男人出现了，这恰如其分的初恋，令少女奥斯汀心旌摇荡。

她会给勒弗伊阅读自己的游戏之作，边读边发出会心的笑声，勒弗伊也会提出自己对简的文字的独特领悟，无心的一句体悟却似是经由自己的口说出一样，简心中自会感叹二人之间能有如此完美的默契。

置身于绿色的大片草坪和布满鲜花、灌木丛的乡间小路，二人谈笑风生，似朋友，更似家人。他们谈社会见闻，谈家庭琐事，谈艺术人生……情人间的谈话总是异常活跃，有着涌动的激情和幸福的陶醉，甚至就这样一直聊到世界的尽头也于愿足矣。

各式各样的聚会和狂欢中，二人基本是如影随形，几乎可以说是公认的一对了。

这样每日与爱人相守的日子让简有种眩晕的幸福感。勒弗伊也对奥斯汀依依不舍，总是用深情款款的目光注视着她。

她不是一个故作矜持的所谓淑女，她坦然接受自己突然降临的爱情，欣然飨之。与当时那些在爱情游戏中追逐的男女不同，简在这份真挚的初恋中心神荡漾，幸福不已。

在此刻不禁让人大胆设想，若是奥斯汀没有发生后来的一切，成功地收获了爱情，那她对现实世界的思考会不会减少几分深度，会不会成为另一个在世俗中幸福的"简·奥斯汀"，而不是文史上留名的"简·奥斯汀"？

这必然会让简迷们陷入一种不知所措中，他们不希望失掉给自己精神慰藉的偶像，却又定不忍心看到偶像形影相吊的孤单落寞。

但现实的残忍却从不容许我们有半分的迟疑或者困惑，就干净利落地斩断了后人的纠结设想。

电影《成为简·奥斯汀》中，安妮·海瑟薇版的奥斯汀让人始终觉得隔了一层。安妮·海瑟薇作为好莱坞炙手可热的一线女星，虽然漂亮，却终归有太过精美华丽的长相，总觉得少了几分奥斯汀优雅淡然的感觉。

奥斯汀给人的感觉是理智中透着几分灵动，而不是像电影中呈现的那种犀利和过于活泼的性情。

而纵然是这样，坠入爱河的奥斯汀也是每日意兴阑珊的。太过年轻的女子陷入爱情只是因爱而去爱的，也许还没有做好考虑婚姻的准备，除非两个人的感情已经炙热到难分彼此。

突然想到奥斯汀笔下达西先生的一句话，忍不住会心一笑，"女人的想象力来得可真够快的，一眨眼的工夫就能从爱慕跳到恋爱，又从恋爱跳到结婚。"

奥斯汀是借达西的口来说明所有女人在爱情面前的共性吗？这个狡黠的女子即使在自己的作品中也不忘表达自己对女性情爱的特殊体验。

是的，以她对勒弗伊的青睐程度，相信即使对方向她求婚的话，她也会毫不犹豫地马上答应，然后马不停蹄地与他共奔婚姻的神圣殿堂。

他们必然也有过人约黄昏后的浪漫经历吧。在一个夏日的傍晚，一袭白色的棉质纱裙，裙摆处还匠心独具地编织成了荷叶边的图案，高雅而不失俏皮，对着装不大上心的奥斯汀在卡桑德拉的参谋下，选择了这件清丽脱俗的服装，来到与勒弗伊相约的地点。

对比奥斯汀晚期小说《诺桑觉寺》中的观点：女人穿得漂亮只是为了让自己满意。男人不会因此对她宠爱有加，女人更不会因此而喜欢她。

而情窦初开的奥斯汀，想必是没有践行自己在小说中表达的观点的。在爱情面前，一切的理智都坍塌了。

勒弗伊没有迟到，英伦绅士礼节周到，怎么也不会让女士等候的。两个人在草地上席地而坐，只是有一句没一句地聊着天，这种感觉却足够让奥斯汀心脏加速跳动，面色绯红。

勒弗伊在伦敦和汉普顿之间辗转，奥斯汀不是每天都能见到自己心爱的恋人。但闺中淑女的风度和强大的自信心却让她也能够自持，尽管心中已经被思念折磨得茶饭不思，在见到恋人后却与往常无异，只是眼神和唇边显然有光圈在跃动着。

勒弗伊，这位奥斯汀口中"来自爱尔兰的朋友"，给她的生活上了快速旋转的发条。男女心意相投的美好让她乐不可支，也促使她对人生的积极思考和充沛的创作热情，就在第二年，《埃莉诺与玛丽安》也就是后来的《理智与情感》完成了。

人们都说一个成功的男人背后一定有一个女人，那么一个风光无限的女人背后也总该会有一个男人，只是这个男人有一天会从女人的世界消失，但这影响却历久弥新。

# 私奔：孤注一掷的爱情冒险

年少的时候喜欢看冒险的爱情故事，觉得要证明青春没有白活的方式就是轰轰烈烈地去爱一场，至今还为高中时代整日枯燥地学习争做好学生而没有早恋而心怀惋惜。好在奥斯汀的时代不存在什么早恋的问题，一般的女子不必去学校接受太多的教育，而且女人的天职就在于做一个淑女，然后找一个好丈夫，相夫教子，终此一生。

比起婚后生活的责任和烦恼，爱情生活的步履总是更为轻快的，男女之间不必考虑太多，只要相爱，就够了。但不幸的是，越是炙热的爱情就越会加速通往神圣婚姻的路途，而婚姻就要考虑方方面面的因素。得不到长辈祝福的婚姻不是奋力一搏争取结合，就会是被迫放弃的命运了。

奥斯汀和勒弗伊选择了背水一战的私奔，争取通往美好的结合以抵达婚姻。

说起私奔，嘴边不禁哼起了熟悉的旋律，记忆中经由沙哑粗犷的男声演绎的勇敢和激荡，此刻竟直击脆弱的心房，令人潸然泪下。

一直到现在才突然明白
我梦寐以求是真爱和自由
想带上你私奔奔向最遥远城镇
想带上你私奔去做最幸福的人

在熟悉的异乡我将自己一年年流放
穿过鲜花走过荆棘只为自由之地
在欲望的城市你就是我最后的信仰
洁白如一道喜乐的光芒将我心照亮

——郑钧《私奔》

爱情是人类永恒的主题，有关爱情的种种，也是古今中外的人不断从心灵的甘泉中所拼命抒发的，或者低吟浅唱，或者声嘶力竭。主题的永恒却不能保证爱情在时空中的恒定与静止状态，它更像是一个顽皮的少年，以一种自我嬉戏的方式击打着恋人们本就朝夕不保的理智。

初恋的青涩，热恋的沸腾，苦恋的凄苦，绝恋的伤悲……

奥斯汀在此生唯一的初恋中，可谓是体会到了五味杂陈的感觉。她本来以为的不足以成为问题的问题，却在此刻突然从幸福的田园中喷薄出巨大的岩浆，烧得人遍体鳞伤。

勒弗伊是一个靠着叔叔的接济才能够继续自己律师梦想的有为青年；而奥斯汀家中也是子女众多，经济情况也不是特别理想。当时社会的风气是结婚的时候攀上一个有钱的伴侣，是为自己也为家人谋利的值得赞许的行为。尽管很多年轻人并不遵循这样的价值观，但爱情并不是婚姻的绝对因素的观点仍大行其道，这种风气是奥斯汀所深恶痛绝的。

奥斯汀的这次恋爱，自然是不被家人所看好的。勒弗伊的母亲和卡桑德拉曾多次通过书信对奥斯汀进行苦口婆心的劝说，希望她能够放弃这段无果的恋情。

然而，两人却不想就此妥协于世俗的压力，于是决定私奔，到一个没有人认识他们的地方开始新的生活。

私奔在古今中外的爱情故事中绝不是个案。红拂夜奔，成全了美女识英雄的千古佳话；文君当垆，延续了爱情义无反顾的无悔和泰然；劳伦斯携师母私奔，见证了因为爱情而摒弃世俗的壮举；

心高气傲的奥斯汀与志向远大的勒弗伊一起拟定了私奔后的美好生活，他们可以选择一处同样宁静典雅的乡村，还能短暂地游历一下欧洲，种种美好的规划一日日地被设计出来，两个年轻人对未来还是充满了坚定的信念。

万事俱备，只欠东风。到了约定私奔的这天，经过长期思想斗争的奥斯汀却放弃了对这段恋情飞蛾扑火般的执着。

奥斯汀是聪慧而理性的。在被短暂的爱恋激情冲昏头脑后，她静下心来细细思考二人之间的关系，决计为了勒弗伊也为了自己，挥剑斩情丝，痛苦地亲自将这段刻骨铭心的恋情深埋。

私奔是两个人义无反顾奔向幸福的壮动，却是一群人必然流泪承担后果的不伦行为。在18世纪相对保守的英国乡村，一个女人做出这样的行为势必会让整个家族蒙羞的。奥斯汀能够摆脱私奔后整个社会口诛笔伐的梦魇，却无法摆脱私奔后潜藏着的毁灭幸福的怪兽——贫穷。

贫穷并不是她所惧怕的，虽然称不上是安贫乐道，但她对并不富足的生活从来没有怨言。她最害怕的是贫穷吞噬他们的恋情，而她视为身性命的爱情也会在这贫穷中不断地沉沦。

权衡种种，理性的奥斯汀做出了她的抉择。

奥斯汀如自己小说中的女性所做的，理智选择了自己希望的爱情结局。她不是不爱，而是太爱了，爱到深入骨髓才会如此小心翼翼。恋爱中的女人有多脆弱敏感，就有多强大自持。她们从来不在乎爱情能够带给自己什么，而是在乎自己如何捍卫最伟大最纯粹的爱情。

而另一当事人勒弗伊的反应我们不得而知，二人惺惺相惜，相信他是懂得的。如若不然，也不会在时隔多年重逢之时，给自己的女儿起了相同的名字"简"，并且向他的侄子倾诉自己这段此生难忘的"少年之恋"，他并没有说奥斯汀的魅力何在，只是一字一句地重复着"他有多么爱她"。

想必是在一个幽深寂寥的乡间小屋的约定，奥斯汀赴约前来，却没有打算要走的意思，她没有带行李，只孤身一人。

清冷萧瑟的风吹得她本来精致梳理的发髻有些蓬乱，勒弗伊见状已经了然于心。再后来就是所有爱情故事中看似悲伤的结局了：女主角奥斯汀一个人走上了乡间寂寥的小路，只留下伊人的背影永远定格在了男主角勒弗伊的记忆中。

心中为奥斯汀自设了画面，却恍惚中有时空穿越之感，想到那个落魄文人柳永的遣悲抒怀的离别词。

寒蝉凄切，对长亭晚，骤雨初歇。
都门帐饮无绪，留恋处，兰舟催发。
执手相看泪眼，竟无语凝噎。
念去去，千里烟波，暮霭沉沉楚天阔。
多情自古伤离别，更那堪冷落清秋节。
今宵酒醒何处？杨柳岸，晓风残月。
此去经年，应是良辰好景虚设。
便纵有千种风情，更与何人说？
——柳永《雨霖铃》

柳永也是有情之人，与情意绵绵的恋人之间短暂的离别就作出如此凄怆缠绵的好词，而奥斯汀是抱着永别的心情转身离去的，那心底的悲痛相较而言会是多么地巨大呢？

纵有千种风情，更与何人说？与何人说？

有时候，我们发现我们人生的经历并不重要，重要的是陪伴着我们一路走过这一段人生的人。那个合适的伴侣不是想遇就遇到的，有人穷尽一生都没有找到自己的灵魂伴侣；而有人却在无知无觉中就这么错过了；最大的痛是明明知道彼此的珍重却还是生生地选择了分离。

奥斯汀经历的痛无疑是第三种。

回到家中，奥斯汀自是大哭了一场，那些压抑在心中的伤痛，曾言说和不曾言说的，都一股脑地涌上心头。她想写作，借以抒怀，却被深重的悲痛攫住，竟写不出只言片语了。

人生不过短短数十载，激烈的大喜大悲却在短短一天的时间内发生，这对年纪尚轻的奥斯汀是不小的冲击。本来的私奔好戏，竟叫自己与恋人上演了永别的悲剧，想到这些还是带着深深的遗憾的。

但奥斯汀终归是奥斯汀。坚强的她在私奔未遂之后，只给姐姐卡桑德拉写了一封表达伤感的短信："终于，这一天还是到来了，我将与勒弗伊告别。而当你收到这封信时，一切都已结束。一想到这些，我不禁泪流。"

## 离去：你不在成就了回忆

**爱的最高境界就是：我爱你，与你无关。**

茨威格的小说《一个陌生女人的来信》中的女主角耗尽一生的时间和激情爱着那个作家，而作家本人却对此事一无所知，女主角几乎是以一种隐忍的方式表达爱慕之情，却因为这种不计后果的爱达到了一种情感震撼的效果，这份长久坚持的隐忍的秘而不宣的爱恋，却成为了最为执着激烈的爱。

茨威格告诉我们，爱可以不计得失，可以完全是一个人的事情。即使是独角戏一般的爱情，远不只是一种让人沮丧的苦情戏，而有着自己更为崇高和感人的力量。

奥斯汀的爱也是她一个人的事情，她的爱曾经与勒弗伊有关，而在她决定放弃私奔的那一刻，她的爱就与勒弗伊无关了。那是一种爱情的名亡实存，即使爱恋的对象已经不在这份爱中存在了，满载的回忆却不会凭空消失。失去所爱的痛苦也好，回忆以往的依恋也罢，这一切都是她一个人还在爱情的战场上孤军奋战的明证。

何以解忧，唯有美酒了吧。在酒精的放纵中让情感放肆地奔腾，记忆中的画面不断地切换放映，是酒精赋予了她美妙的回忆狂欢，在酒醒之后，理智却告诉她：一切的美好终归逝去了，人生还是要继续。

缘深缘浅，有时候真的不是我们渺小的个体能够全力主宰的。如若不然，又怎会有那么多的红尘男女在半生蹉跎中消极遁世。但是这样的态度自然不是可取的，何必一定要在乎最后的结果呢，那曾经花开花落的美丽过程和欣赏着的美丽心情，不也是一笔值得此生珍藏的财富吗？

即使沧海化成桑田，只要初衷不改，就依然能够在世事变迁中坦然自若。

依稀记得《半生缘》中男女主角有缘无分、无疾而终之恋，而半生坎坷的女主角曼桢却能释然道："人老的时候，总有两三件事情拿出来说的，如果我和世钧在一起了，生了孩子，那就没有故事了。"

也许，故事的最好结局就是没有结局。让对方成为自己心中永远的痛，只要一想起来就会眉头轻轻皱起，拧作一团，再后来就是胸口疼痛，完全无法忍受的痛苦让人冷汗直流，却又甘之如饴，至少想到你我有深重的悲痛，一如我对你爱的重量，是我们都无法承受的。

勒弗伊是奥斯汀生命中匆匆的过客，他绝不是她生命中唯一的男人，却在她不长的人生中印下了一个不深不浅的烙印。过于深重，这烙印可能有深入骨髓的风险，爱情成为了致命的毒药；但过于浅薄，却无法匹敌这份初恋在奥斯汀心目中独一无二的位置。

有人说，人真正由心底发出感情来恋爱的，就是初恋。我说，人从心底发出全部的热情来恋爱的，才是初恋。

在这场几乎耗尽奥斯汀全部生命热量的爱恋中，她已然由一个不谙世事的少女蜕变成为一个独立坚强的女性，相信以后即使有再大的风波，她也会如这次一般处理得忠于内心、忠于灵魂。

也许有人会问，她不后悔吗？如果再给她一次选择的机会，奥斯汀还能够为爱而放弃潇洒地告别吗？还是不然。

这世界上唯一不能得到的就是如果，这种没有如果的生命境况就让人们在作出人生选择的时候思量再三，生怕抱憾终身；而一旦作出了选择即使心中有多么懊悔，也要吞咽选择后的苦果，倒有几分哑巴吃黄连似的，叫苦不迭。奥斯汀知道，自己不会后悔，即使有过短暂的悔意，她仍然庆幸，能够在这独自吞咽苦果的时刻同时回味爱情的甘甜。

人的大脑会对信息进行有选择的加工和保留，那些对个人刺激最深的事件，即使是细枝末节，也仿佛是精确的光盘刻录的影响，永远留在了记忆的深处，一旦在某个契机下打开记忆的那扇神秘之门，想要铭记的一件也没有落下。

而有些痛苦的经历，却在我们的自我保护机制作用下，自动被大脑屏蔽了。

想到2012年度的英剧《黑镜》第二集，里面有一种记忆芯片能够植入到人的耳后，这个记忆芯片就类似于一个移动存储器，能够精准地记录下人每天经历的事情。需要的时候，只需要通过芯片放映出来，不管好的坏的，都存在在这芯片里面。

科技的发展带来的残酷可见一斑，幸而这不过是天才编剧的想象。人的自由或许就在于有铭记或者遗忘的自由。

勒弗伊夫人惊觉儿子离家，恐怕已经猜到了儿子可能会私奔的可怕结果，只是一直不敢去证实这样的猜想。而勒弗伊的返家，对于母亲来说，想必是极大的安慰吧。

她一定在心中默念简·奥斯汀的深明大义，却不想她无心插柳，只无奈绿柳成荫。大家赞许的是她从善如流的合乎伦理，却不想她的放弃私奔却是对伦理最大的嘲讽。

而奥斯汀的姐姐卡桑德拉此时也在爱情的痛苦煎熬中，和妹妹一起体验着思念的感觉，1796年这一年正是她的未婚夫福勒随军队出航的时间。

"姐妹合心，其利断金。"但在爱情这幽幽暗暗、歧路丛生里，谁都不是谁的救世主，即便洞若观火，也只能在隔岸观火的站立中无能为力地感叹。在回忆中短暂地沉潜是一种慢性疗伤，这是唯一自救的方式。

以前的奥斯汀还不是经常地写信，她已经习惯身边有人倾听了，勒弗伊无疑是一个最佳听众。但是自此以后，她给家人朋友的信件显然多了起来，没有了现场的最佳倾听者，姑且就诉诸信件的往来吧。据奥斯汀存世的信件可以看出，她的信件是始于1796年1月9日的，后来渐渐多了起来。

除了刚刚结束恋情的时刻，她会向姐姐卡桑德拉倾诉内心的无奈和伤心，但是，在以后的日子中她是肯定不会再提到勒弗伊这个名字的了。这个名字成为环绕在奥斯汀家上空的幽灵，是禁忌，是一扇不能开启的黑暗之门。

不管怎么说，有这份回忆如影随形，奥斯汀的小说世界也受到了极大的滋养，她因此能够深刻洞悉恋爱中男女的情状，能纤细入微地描摹书中男女的爱情纠葛，更塑造了一个个光辉动人的男性人物形象，这些人物中势必会有勒弗伊影子的存在。

勒弗伊自然不会如那些爱情偶像剧中的男子，再次拨动奥斯汀的心弦。初恋的失败倒不是什么新鲜的，大多数人最终的结婚对象都不是初恋的情人，这不能不说是一个极大的嘲讽。为何我们用尽全部身心去呵护的恋情却无法相伴终老。是太过年轻，是艰险重重，是爱得太重，也是痛得太深……

## 爱别离：离去的缠绵悱恻

女人们总是喜欢聚在一起讨论各自的爱情和在婚姻中的成败得失。每每谈到当年的青涩初恋，即使有遗憾，也多是充满甜蜜的美妙回忆，庆幸自己在青春年代有这样一段值得永远铭记的爱情。

中世纪禁欲主义的僧侣肯定不会苟同，爱情在他们的心中不过是庸俗的阿堵物，不能够涤荡人的心灵，甚至充当着类似引诱亚当夏娃的撒旦的角色。情欲具有不可抑制的力量，甚至能够引起不小的骚动，破坏人们走向成功的康庄大道，扰人心智。

初恋的情侣多半是以分手告终的，很少有喜结良缘的夫妻是当年各自的初恋情人的。或许正是初恋的不完美，就像是带有瑕疵的断臂维纳斯，才散发出独特的光芒，成为了永恒的美丽的象征。

奥斯汀的初恋对象是能够配上她的,她喜欢这个俊秀的绅士,尽管短暂的恋爱最终不可避免地走向终结,可这回忆也足以承载一生的悲喜了。

悲剧相比喜剧更具有震人心魄的力量,因为悲剧是把美好的东西毁灭给人看,人在这种毁灭的痛苦中感受到灵魂的战栗和心境的净化。初恋是最美好的事情,而美好的毁灭留下来的伤痕,并不丑陋和让人嫌弃,而是凤凰涅槃后的重生,不经历浴火的痛苦折磨,又怎么会有涅槃后的绚丽重生。

罗密欧和朱丽叶的爱情之所以拥有强烈的感染力,就因为他们爱情的不完美,罗密欧和朱丽叶以付出生命为代价成就了爱情的不朽传奇;梁祝的爱情故事的经久流传,也是二人之间生死相随的深情,以毁灭而换取爱情的永恒,双双化蝶才能长相厮守。

奥斯汀在预感到自己这份无望的恋情后,写信给自己的姐姐,用一种几乎是傲慢的桀骜不驯的口气。

此刻,我收到了你的来信。在这封长信中,你大大地斥责了我,使得我几乎不敢告诉你,我和我那位爱尔兰朋友之间的事。你自己想想,和他跳舞,并肩坐在一块儿,都成为你口中放荡离谱的行为。然而,你只能再嘲笑我一次,因为他下周五之后,就要离开这个国家了。

勒弗伊就这样消失在奥斯汀的世界中。昨日的欢笑却成了今日痛苦的根源。如果不曾幸福,也当然不知道痛苦的滋味会这么难挨。而爱情的传奇正在于这痛苦的煎熬和不圆满。曾经的年少轻狂,不顾一切,青葱岁月,就这样随着一份恋爱的终结而随风消逝。

而这青春的感觉也因这痛苦而分外明晰，如果只是平淡如白水的青春年华，那青春的意义又何在呢？或者是青春的恋爱激情延续到以后的人生岁月，甚至在垂垂老矣的时刻，这份爱情或许早已经在人世的打磨中变了滋味，已是寻常的亲情或者是惯性的牵挂了。爱情容易死于平淡。在死于平淡以前，不如在轰轰烈烈的痛苦中终结吧，起码此刻的爱情还是它原来的样子。

杜拉斯说：爱之于我，不是一蔬一饭、肌肤之亲，而是一种不死的欲望，是颓败生活里的英雄梦想。

杜拉斯对于爱情和婚姻的理解显然要比奥斯汀更加地黑色和绝望，她认为爱情需要和欲望并存，如果没有欲望，爱情就会失去得以依存的土壤，皮之不存毛将焉附？但同为颇有才华的女性作家，二人的相同点就在于同样爱着爱情，爱着爱情带给人的感觉。只要人活着，就无法不谈爱情，尤其是对于女人而言。

爱情在婚姻中终结的形式是最为悲惨的，除此之外的爱情的终结都不该过分感伤，这是杜拉斯的理解，因为她认为正是婚姻让女人失去了自由，消磨掉欲望的爱情。

虽然这种想法有些悲观之处，但或多或少也指出了婚姻潜藏的风险。这世界上有一样东西没有风险吗？爱情，婚姻，友情，还是什么别的？

一旦涉及到永恒和纯洁的字眼的东西，人们都有种害怕失去的恐慌，是太过于在乎的患得患失吧。

而英雄终归只能在沙场上才有用武之地。战死沙场的荣光总比无用武之地地老死榻上来得死得其所。爱的英雄梦想自然也是这样的归宿。爱情梦想总有人去奋不顾身地追求，即使最后一无所有。

奥斯汀的初恋死了，但死得其所，没有遗憾，这样的离别是可爱并值得铭记的。情侣间在相爱的时刻分手不是最哀伤的故事，总比待爱情冷却、感觉不在的时刻再冷眼相对要好得多。这是对奥斯汀最好的慰藉。

有人说爱情是婚姻的坟墓，爱情是一座让人犹豫不决、不知道是否该踏入的围城。初恋作为爱情的朦胧形式，如果走入婚姻的殿堂，也许正巧是走向了非正常的死亡。这或许是萨特和波伏娃签订爱情协议的原因吧。他们不愿意两个人之间的亲密关系受到世俗的家庭关系的束缚，想永远保持两人之间爱的激情，索性就不结婚了，维持一种契约式的情侣关系。这既给双发极大的自由，又能够为纯粹的爱情保鲜。

世人少有萨特和波伏娃的愤世嫉俗的勇气和实践能力，多数还是接受一般家庭婚姻生活的围城，纵使永世难以挣脱的枷锁上身，也欣然应许。大概是因为孤独是人类永恒的疾病吧，总有一个知你、懂你、体贴你的人陪伴在侧，何乐而不为呢？

奥斯汀自然也愿意进入婚姻，甚至考虑过和勒弗伊结婚。她始终要比阴郁悲观的杜拉斯乐观明快得多。只是现实太残酷，世事变幻又太无常。前一秒钟还在温柔乡中温存缱绻，却敌不过下一秒钟必然降临的爱恨别离。乐观的奥斯汀总有可以聊以安慰自己的方式，这世上的事情，本就千头万绪，不是主观的人力能够随意决定的。

古往今来，有多少文人墨客表达对爱情离别的叹息之声，这无数的叹息在阳光下幻化成无数的水滴，积聚成江海，是孟姜女哭倒长城的泪海。

不是所有的梦都来得及实现

不是所有的话都来得及告诉你

内疚和悔恨

总要深深地种植在离别后的心中

尽管他们说

世间种种

最后终必成空

我并不是立意要错过

可是我一直都在这样做

错过那花满枝桠的昨日

又要错过今朝

今朝仍要重复那相同的别离

余生将成陌路

一去千里

在暮霭里

向你深深地俯首

请为我珍重

尽管他们说

世间种种

最后终必终必成空

——《送别》席慕容

"人有悲欢离合，月有阴晴圆缺。"人世种种，又怎么是人力能够掌控的呢？即使错过也因为彼时的美丽邂逅而无怨无悔，即使是一切终归成空的虚妄，也会庆幸曾拥有过。别离是每个人的人生总要上演的惊心动魄，而明明留恋却要告别的痛惜也值得珍重。命运的车轮似乎总不顾及个人的奔跑追逐，但我们因为曾经拥有，便有迎接命运匆匆走过的勇气。此后的人生定是平行线的互不干涉，请道一声珍重！

# CHAPTER

## 童年 02 ♥
## 总是回不去的豆蔻年华

　　童年的美好是不能言说的,即使是曾经拥有一个破碎的家庭,童年的那份童真与无邪也会深深地留藏在一个人的记忆里,影响一个人的一生。年少爱追梦,但总要不急不慢,缓缓成长为自己的模样。简·奥斯汀跟其他人一样,成长在属于自己的天地里。虽然在乡下,但正是乡下的阳光雨露滋润了她的灵魂,让她在此后的一生中优雅、沉稳。

# 父亲：英伦乡绅的最初形象

都说女儿是父亲上辈子的情人，在女儿一生的记忆里，父亲总会占据很高的地位，父亲的形象高大、伟岸，浑身上下充满魅力。凡是读过简·奥斯汀作品的人，都不难发现，她的确有不小的恋父情结。这就不得不提一下恋父情结的古希腊传说：爱列屈拉是阿伽门农和克吕泰涅斯特拉的女儿，她恋父恨母，因为母亲为了私情不被父亲发现，她就将打了胜仗从特洛伊战场上回来的父亲设计杀害，而爱列屈拉就展开了复仇行动，最终杀死母亲为父亲阿伽门农报了仇。

传说毕竟是传说，实际生活自然不会真正发生恋父恨母从而弑母的极端现象，但女儿对于父亲的依恋，确实是一种人类共通的深层文化心理。奥斯汀在自己的小说中也恰如其分地表达了对于父亲的依恋之情。

如果说早期的《理智和情感》中对父亲偏爱还表现得较为压抑和谨慎，父亲只是作为一个缺席的在场形象在小说中若隐若现；那么在后来的《傲慢与偏见》中，就已十分大胆和直白了，伊丽莎白在母亲的穷追猛打干预自己婚姻的压力下倍感无助，是父亲解救了她，全力支持伊丽莎白做出忠实于自己内心的选择；最后在《爱玛》里所展现的父亲形象，简直就堪称完美。爱玛与父亲相依为命，却又让人惊叹于这世界上竟会有这么懂得女儿的父亲。

而现实生活中，简·奥斯汀的父亲在其文学道路上，绝对是功不可没。

简·奥斯汀出生于英国南部汉普郡斯蒂文顿镇的一个牧师家庭，日子小富安康，一家人和乐融洽，也颇受当地人们尊重。其父亲乔治·奥斯汀是个略有薄产的乡村牧师，也是一位藏书颇丰的博学之士。在当时的英国，教育当然不如现在发达，只有乡绅以上阶级的人才有条件受到良好的教育，而女子读书的情况更是少之又少。乔治·奥斯汀的出身并不太好，可是因为他有一位有钱的叔父，叔父给了他莫大的支持，他才能够进入牛津大学接受教育，念完大学后，他成为了斯蒂文顿镇牧区的教区长。

就家庭情况而言，父亲乔治·奥斯汀给子女们提供了一个稍微说得过去的生活环境。父亲因为接受过良好的教育，他对子女们的影响也是显而易见的。当然，在财富的层次上来说，这样的家庭充其量也只能算得上是"小乡绅"阶级。而且简·奥斯汀的家庭又比较庞大，家中还有五位兄弟和一个姐姐。在物质生活方面，也是紧紧巴巴，没有太多的宽裕。在这样的情况下，即使父亲接受过良好的教育，但家庭条件和当时的社会环境也始终未能让简·奥斯汀进入正规的学校接受系统的学习。

当然，没怎么接受过正规的学校教育并不意味着简·奥斯汀就不能接触到文学。作为知识分子群体一员的父亲因为酷爱读书，他在家里珍藏了大量的有价值的书籍。这就为幼小的简·奥斯汀提供了极好的学习环境，有父亲这样毕业于英国传统名校的学者的耳提面命，自小耳濡目染的正统英式教育，使她受益良多。这在一方面也可以解释为何在简·奥斯汀笔下，总有一股挥之不去的浓厚英伦之风。

　　作为一位饱读诗书的学者，乔治·奥斯汀不但家中的藏书相当可观，他还非常乐意与子女们一同分享书中主人公的智慧与人生。因而，即使在没有接受正规教育的前提下，简·奥斯汀在广泛阅读的基础上，仍旧逐步培养起细腻的鉴赏能力和表达能力。她能够用独特的视角和语言把日常生活中的细节表述得栩栩如生并颇得要领，不得不说这与其大量的阅读量密不可分。

　　父亲从小的言传身教，大量书籍的浸润，简·奥斯汀逐步培养了良好的文学素养。父亲的形象也作为一种极具影响力的因素存在在简·奥斯汀的心里。父亲乔治·奥斯汀那极具书卷气且开明的形象，成为了简·奥斯汀日后创作中挥之不去的记忆，自然而然地流淌在她笔下的人物性格中。在《傲慢与偏见》中，男性人物形形色色，包括至今蝉联为英伦女性中"最理想的约会对象"的达西先生，但就是在这样有魅力的帅哥前，女主人公伊丽莎白的父亲形象，那个讥诮幽默、大智若愚的父亲其实也丝毫不逊色。老先生身为配角都能如此出彩，可见作者下笔之时对父亲形象的偏爱。

　　奥斯汀的父亲乔治·奥斯汀的家族并不拥有很高的社会地位，尽管出身于当地一个古老的家族，但乔治·奥斯汀一脉的祖先却过着清贫的生活。祖母年纪轻轻就守寡，一个女人凭借一己之力抚养五个儿子和一个女儿。到了乔治·奥斯汀这代，家庭情况才显然有所改观。

乔治·奥斯汀既然身负神职，自然是个有修养的虔诚之士，而且牧师在英伦乡村的社会地位不算低。尽管十八世纪启蒙运动已经席卷欧洲大陆，但是启蒙运动的领军人物却并不都反对宗教信仰，作为启蒙运动策源地的英国仍然是一个忠实宗教信仰的传统国度。

父亲的事业对奥斯汀也有着很大影响，尽管在其小说中她总是塑造出一个个有些好笑的牧师形象。但父亲因宗教熏陶的谦逊和温和对小奥斯汀还是有一定影响的，所以这不难解释她小说中的理想人物是兼有理智和情感的，甚至是更偏向理智的。

此外，父亲对奥斯汀最大的影响恐怕就是潜移默化的情感教育了吧。

可能女孩多多少少都对父亲有种仰视的情感，这种对于父亲的依赖甚至促使女孩在成年之后都会以父亲为样板为自己寻找伴侣。这是不同于对于母亲的亲昵之爱。父女之情更多的是崇拜和被崇拜的关系。

奥斯汀一定在童年的某个午后，坐在父亲的膝上，欣赏着斯蒂文顿牧师公馆庭院里的苍翠欲滴的榆树和鲜花繁盛的花园美景，日光下的这对父女笑得特别开心。

在整个家庭的娱乐活动中，父亲是占有绝对的主导地位的。如果不是父亲对文娱活动的偏爱，奥斯汀和众兄弟姐妹也不会对文艺有情有独钟的偏爱。

乔治·奥斯汀有极佳的口才，偏爱朗诵和演讲，对子女的口头表达才能也是格外关注的。小奥斯汀会在父亲的指导下为家人诵读考铂的诗，全家人每晚还会聚在一起诵读小说，在朗诵之后还会展开激烈的讨论。

在这种文艺活动的熏陶下，不难理解奥斯汀何以能成为日后闻名遐迩的女作家，她从童年时代就渐渐形成了机敏的观察力、雄辩的口才、幽默的说话方式、诗意的表达能力……

中国式父亲的代名词似乎总是隐忍的奉献之类的无私，而国外的父亲又何尝不是如此呢？只是奥斯汀的父亲在这里更是承担了她童年的启蒙者、精神上的引路人、思想上的崇拜者。亲情总是能超越狭隘的时空界限，不管是身处何时何地的人们，都在永无休止地讨论父亲和女儿的亲情关系。

## 母亲：温婉贤惠的名门闺秀

在有关奥斯汀的生平书写中，似乎很少有人提到奥斯汀与母亲的关系。相较父亲的深远影响，母亲和奥斯汀的母女关系似乎被放逐到了一个边缘的位置。而相较父爱的深沉伟大，母亲潜移默化的影响在奥斯汀的人生轨迹中同样重要。

简·奥斯汀的母亲卡桑德拉·利的家庭是一个有名望的古老家族。这个家族的托马斯·利爵士，甚至曾经在伊丽莎白女王执政时期担任过伦敦市长的要职。卡桑德拉利的祖父也是公爵钱多斯的妹夫，是个彻头彻尾的贵族。而其父亲也是年轻有为，年纪轻轻就被任命为牛津万灵学院的研究员。

拥有贵族血统的卡桑德拉·利有姣好的容颜，外号是"漂亮的利小姐"。毫无疑义的，卡桑德拉·利是一个温柔敦厚的主妇，生活简单质朴，虽然下嫁给乔治·奥斯汀，却也能够安贫乐道。

作为一个养育了八个孩子的母亲，她有着深沉的母性关怀。1775年，在她生下简·奥斯汀的第二天，就即刻写信给自己的嫂嫂，信中说道："我帮她起名简。在我看来，她将会跟亨利很像；就如同卡桑德拉跟爱德华很像。"

这样的信在旁人看来可能有些大惊小怪，已经成为六个孩子母亲的卡桑德拉·利显然还是有些欣喜若狂，两个女儿分别长得像自己的两个兄长，却好像一个多么惊人的发现似的，她兴奋地告诉了自己的嫂嫂。

这便是母爱了吧。母亲在我们的人生中更多地扮演了一个"大惊小怪"的角色。如果你在外面受了委屈，她会无比心疼地给你一个拥抱，甚至感到比你还要难过；你生病卧床休息，她恨不得自己能取代你的疼痛，以让你恢复健康。

相较父亲的精神启蒙，母亲的温柔呵护成为了另一道风景。当然，奥斯汀夫人不是一个简单的家庭主妇，良好的出身和教养使她能文善画，也能写出一手好文章，估计稍加诱导也许能成就一番事业呢。只是当时对妇女的教育根本没那么重视，尤其是像奥斯汀夫人这样的名门之后，只需要在家享受生活，甚至出门工作都会是一件有辱门风的事情。幸运的是，奥斯汀夫人的才华也影响了伶俐的二女儿。

奥斯汀太太在这一生中也不过去过两次伦敦，家庭生活的大部分内容就是做家务和照顾几个子女，还要烤面包，酿造啤酒，给家中养的几头奶牛挤奶。一个主妇的生活就是这样的忙碌而又琐碎。

奥斯汀太太尽管出身名门，却从来不喜脂粉，多数时候是身着素色的俭朴家常衣服，对外表不是那么看重。幸而她天生丽质，即使不施粉黛，也自有一种清丽脱俗的气质。

奥斯汀姐妹遗传了母亲的美貌，都出落得清秀漂亮，同时也深受母亲的影响，对女人的打扮雕琢也不很上心，尽管简·奥斯汀有极高的品位和穿衣风格，但对过分讲究甚至有种鄙夷的态度。

据奥斯汀的侄女回忆，奥斯汀偏爱戴一种无边的礼帽，这种帽子款式太过简单呆板，有些老年女子的陈旧的感觉。但她似乎对这礼帽情有独钟，出门总是戴着这与自己年龄反差极大的帽子。

1810年5月5日，奥斯汀在写给卡桑德拉的信中这样说道："布里吉斯女士经常戴着细纺平纹棉布缝制的无边软帽，其中有几顶特别漂亮。"

看来奥斯汀是自己对这种帽子情有独钟，尽管脸型圆圆的她戴上这种帽子有种奇怪的感觉。

衣着的差异一直以来都是无关紧要的差异，过分的讲究常常会毁了衣服的初衷。

——《诺桑觉寺》

她似乎对自己的头发特别在意，总是跟卡桑德拉谈论她的帽子和发型，帽子自然能省去做头发的麻烦，也能够起到装饰的效果，奥斯汀对帽子的偏爱一方面促使心灵手巧的她自制帽子，另一方面她也会向女性朋友借来最为时髦的帽子作出席舞会等社交场合之用。

她会因为新买了一瓶日本墨水而特意写信告诉姐姐卡桑德拉，因为有了这墨水，她就能够把她那顶看得很厌烦了的帽子染一染，换一种颜色，甚至声称这就是她全部的幸福的寄托。

她会给自己的衣服加上流行的缎带的装饰，使自己的一件紫色长袍变得光彩照人，她有自己独到的穿衣经验和独立的时尚态度，她并不是对时尚和服饰木然的人。

奥斯汀对于服饰和流行的态度见诸其散文和小说中人物之口，常常表现出一种自相矛盾的态度。她既在话语中表示对盲目追求潮流和不自然的穿衣风格的鄙夷之情，奢华精美的风格显然不符合清新自然的奥斯汀的口味，同时她也有自己独特的时尚观，能敏锐嗅到流行的走向并创造自我独立的风格。

尽管奥斯汀的父亲牧师的职业拥有很高的社会地位，但所获收入终不能为庞大的十口之家提供充足的供给，她的父母只为家里雇了一个厨子，没有女仆，甚至几乎没有闲钱为自己添置什么衣物。

这种物质缺乏的状态和母亲的习惯造成了奥斯汀对于外在的忽视，而姿色不凡又品位极高的奥斯汀同时对外在有一定程度的渴望，或许是贫穷带来的长年压抑所致吧。

母亲对奥斯汀的影响还远远不止于此。

D.W.哈丁认为："大多数孩子对母亲都有可能抱有一种矛盾的态度，在某些方面他们觉得妈妈是十分慈爱的，可是在另一些方面，他们发现妈妈确实是他们实现自己愿望的障碍，是引起痛苦和失望的根源。"

如果奥斯汀还尚在人世的话，相信她定会对这样的评价点头称赞。试想一下，奥斯汀因为执着地追求人格的独立和只要以爱情为基础的婚姻，放弃了很多追求者，甚至放弃了嫁入家境优厚的家族的机会。她对独身主义的坚持在那个时代的英国势必会引人非议的，更何况身为名门闺秀的母亲，怎么能够接受奥斯汀这样的任性之举呢？

相信奥斯汀太太有生之年的最大愿望就是希望自己的小女儿风风光光地出嫁。

1798年，奥斯汀在写给卡桑德拉的信中提到："妈妈依旧精神矍铄，胃口很好，晚上也睡得很安稳。可是她的肠胃仍不舒服。有时她会因气喘发作而抱怨不舒服，还说她胸腔积水，肝功能也失调。"

恪守孝道的奥斯汀，多次在与姐姐卡桑德拉的书信中提到母亲的健康状况，当然不会在现实中对母亲有太多的违逆，多是些沉默的应对吧。所以在小说中，这种潜意识便得以呈现了。她爱母亲，但更希望母亲能如父亲一样理解并宽容她。所以才会有小说中对母亲的弱化，这样的话，女主角才能够随心所欲地选择自己想要的生活。

不同于奥斯汀在小说中刻画的可亲可爱的父亲形象，她的小说中鲜有通情达理的母亲，多是没有可爱之处的庸俗的中年妇人。当然，这显然不能作为奥斯汀本人生活经历的直接投射，奥斯汀的母亲显然要可爱得多。但不得不说，她这样的叙事只是想要在自己的文学王国中毫无愧疚地怨恨母亲，而怨恨的唯一方式就是塑造了一个个并不怎么可爱的母亲。

《理智与情感》中埃莉诺和玛丽安的母亲是一个软弱的、耽于幻想的中年女人。在遭遇家庭变故被继子扫地出门后，并没有成为一个独立坚强的母亲来勇敢承担变故，而是自怨自艾，遇到事情总是要长女埃莉诺帮忙拿主意，甚至缺乏很多的生活常识，作为一个年岁不小的女人，却全然没有独当一面的能力与魄力。

《傲慢与偏见》对母亲的指责更激烈得多了。如果说埃莉诺的母亲还只是不够成熟强大,班奈特太太简直就是一个十足的势利眼,庸俗、浅薄而又势利,仿佛人生存在的意义就在于自己的几个女儿都能够嫁入豪门,从此万事大吉。

《爱玛》中甚至根本就没有母亲的影子,母亲在爱玛很小的时候就已经去世了,和爱玛命运相同的是:另外两个比较重要的人物也没有母亲。爱玛对母亲的记忆也苍白而可怜。

奥斯汀将自己对母亲的复杂感觉嫁接到小说中去,尽管不是如弗洛伊德那种潜意识满足的白日梦式的写作,却难以完全撇清现实世界中奥斯汀对母亲暧昧复杂的情感。

母亲是缺席的,母亲相较父亲而言,陪伴了奥斯汀整整一生的时间,比起父亲显而易见的影响力,母亲对奥斯汀的影响是潜在的。她似乎从未左右过奥斯汀人生的发展轨迹,却与一生未嫁的奥斯汀相依为命,其间或疼惜、或责难、或反对、或默许,诸种复杂的态度并于一端,传统的奥斯汀太太怎么也没想到自己有这么一个特别的女儿。

## 姐妹：终身陪伴的亲密无间

简的母亲这样描述简与卡桑德拉之间的感情："即便卡桑德拉要把自己的头砍掉，简也一定会坚持和姐姐一样这么做的。"

从各种版本的奥斯汀的传记得知，奥斯汀与家中排行老四的哥哥亨利的关系最为亲密，而卡桑德拉与老三爱德华最为亲近。

1815年哥哥亨利被多年胆病折磨得筋疲力尽，健康状况堪忧，让当时与哥哥亨利同住在伦敦的奥斯汀忧心忡忡，而这种担忧也对奥斯汀自己的健康状况产生了不好的影响。由此可见，哥哥亨利对奥斯汀的重要性。

奥斯汀夫妇的所有子女中，亨利是最为英俊的，他继承了奥斯汀夫妇的很多优点，尤其是父亲炯炯有神的褐色眼睛。

有人曾经非常可观地评价过亨利：他是全家中长相最英俊的。在他父亲的眼里，他最具才华。有些人却持有不同的看法，但大体上，多数人都非常欣赏他。他的口才极佳，跟他父亲一样，他无论在何种情况下，都持有乐观的态度，好似一道和煦的阳光，时时照耀他人。

但是，要是论对奥斯汀最重要程度来说，卡桑德拉显然略胜一筹。毕竟亨利后来要结婚生子，有自己的人生，而卡桑德拉的人生里只有奥斯汀，奥斯汀的人生里也只有卡桑德拉而已，她们是一对本打算相伴终老的姐妹花，只可惜奥斯汀无法陪伴姐姐走完人生的全部旅程，便撒手人寰了，只留下卡桑德拉一个人默默走完剩下的人生。卡桑德拉在1845年的时候，才死于法兰西斯的家中，此时距离奥斯汀去世已经有28年了。

对奥斯汀而言，卡桑德拉或许是这世界上除了奥斯汀的小说和父亲外，她最在意的人了。因为小说是她的孩子，父亲是她精神上的引路人，卡桑德拉在奥斯汀心中的排行榜，自然不会落到前三以外的位置。

奥斯汀和卡桑德拉对于事情的理解多数时候能够达成默契，尤其是在生活细节上，二人不约而同保持了大多数英国人的严谨习惯。在奥斯汀写给姐姐卡桑德拉的信件中，她坚持每次都在信封上使用恪守传统的写法，即在信封上写上"奥斯汀小姐"收，这是当时人们对未婚的家庭长女的尊称，而如果有人把简·奥斯汀称为奥斯汀小姐，她就会很不高兴。姐姐卡桑德拉在给她的回信中，也会按照惯例在信封收件人处写上"简·奥斯汀小姐收"。

这世界上或许最了解女人的就属女人自己了。但是不同的生活时代、家庭环境中的女人不一定能够做到完全理解另外一个女人。但姐妹花无疑是世界上最为理想的伴侣，是友情和亲情的完美结合体。

女人的敏感细腻使女人能够在一种琐碎的生活中获得极大的乐趣，甚至只是在一起谈论八卦也能带来极大的快乐。

奥斯汀幼年时候是个羞怯的小女孩，害怕见生人，总是躲在姐姐卡桑德拉的身后，凡是有什么样的活动，也一定是跟着卡桑德拉一起去参加。当时的英国对女孩的教育并不重视，一般家庭只是对孩子进行宗教和道德的教育，其他方面鲜有关注。因此，在奥斯汀家的男孩子们接受父亲知识熏陶的时候，这两个机灵的小姑娘就可以在家中的各个地方自由活动一番了。她们或者看母亲做些灵巧的女红，或者到家中小花园的露台上玩耍，玩些小游戏，两个人追逐着在花园中奔跑……

1782年，年仅七岁的简·奥斯汀陪同姐姐卡桑德拉和表姐简·库伯一起离家到牛津念书，投奔的正是守寡的库伯太太一手操办的小学校。从来未曾离家的奥斯汀姐妹们在这个小学校里得以认识外面的世界，姐妹几个的日子过得也算舒适。但是好景不长的是，学校所在地有一种"溃疡性喉痛症"在校园蔓延，很多人因此致死。几个小姑娘便被接回了家。后来才被送到里丁的一家修道学校去求学。这家学校宽松的教学环境和自由的氛围给几个小姑娘带来了身心的巨大愉悦，每天上完指定的课程，课后一直到晚上的时间都可自由支配。而奥斯汀家的男孩子们也会不定期来看望，兄弟姐妹们可以一起共进晚餐。

虽然并没有学到太多有用的东西，学校里面教授课的多是为了应付社交的一些基本技能，比如女红、舞蹈、法语等等。但这次的离家求学无疑开拓了小奥斯汀的眼界，也加深了姐妹间的感情，对以后两姐妹的终生陪伴来说无疑是一场预演。

1786年或1787年，奥斯汀姐妹返家。两姐妹各有各的兴趣爱好，奥斯汀的爱好很广泛，对很多事情都感兴趣，但她最喜欢的还是阅读和跳舞。卡桑德拉同样才华横溢，不过对绘画有更大的天分。

这次游学回家的更大收获是，父母开始把卡桑德拉和奥斯汀当做大姑娘看待，还分配给单独的房间供女儿们使用：一间卧室和一间梳妆室。在那间布满巧克力色地板的寝室中，有姐妹俩挚爱的诗歌和小说，还有卡桑德拉的画具。

每个小女孩在未成年的时候，最快乐的事情就是能够被当做大人看待，有自己的独立空间。在这个独立空间中，可以尽情支配自己的时间，做自己喜欢做的事情，看看小说，读读诗歌，欣赏绘画，自己编写趣味横生的小故事……

奥斯汀和卡桑德拉就在这个并不是很宽大，也不是很华丽的空间中，度过了无忧无虑的少女时代。她们和几个兄弟常常聚在一起玩各式各样的游戏，球棍接球游戏、猜谜、打纸牌，无聊的时候就跑到河边折各式各样的纸船，缓缓地放入河中，甚至许下一个少女的不为人知的小小心愿。

后来，两姐妹随父亲举家搬入巴斯，尽管没有想象中过得愉快，但是姐妹俩经常相伴在附近做些短途旅行，日子也是不亦乐乎的。

姐妹俩除了生活的陪伴，在奥斯汀的人生遭遇重大困顿的时刻，卡桑德拉总是满腔热血为妹妹出谋划策，就好像是对待自己的事情一样，日夜担忧。尽管奥斯汀不总是听从姐姐的建议，但是仍然感激姐姐对自己的关怀。

即使在她病重的时刻，也是卡桑德拉形影不离地陪同治疗，甚至最后奥斯汀死在了姐姐卡桑德拉的怀中。

这样的姐妹情深无疑让人既羡慕又忌妒。在奥斯汀并不算太长的一生中，她所写下的与亲友交往的信件据估计有不下3000封，虽然仅仅有160封信件留存于世。但从信件的内容来看，大部分都是写给姐姐卡桑德拉的，内容也多是女人拉家常的琐碎小事，以致后人对心中才华横溢的女作家在生活中有这么沉闷的一面表示非议。这是人们的一种奇怪的习惯，总是希望在盛名之下的偶像能够完美无瑕，最好是不食人间烟火的仙女，以弥补自己对人世不完美的抱憾。试问，如果一个理想中的奥斯汀和一个活生生的奥斯汀，哪个才是真正具有人格魅力的呢？具有不可指摘的完美人格自然不错，但更可贵的是真实自我的袒露，人的可贵之处不正在于有缺点和不完美，这种不完美是一种生气，是一种激发个人不断克服自身缺点的向上提升的美妙过程。

在亲密无间的姐姐面前，奥斯汀自然是无话不说的，因为她知道对方喜欢自己、懂得自己，即使有时候有言语刻薄的言词，姐姐也能明白这刻薄的由来，是一时义愤，是心情不好，是通过调侃来故作坚强。这些是卡桑德拉都懂得的，毕竟她们是多年来一直陪伴在奥斯汀的身边，精神高度默契、生活互相照料的姐妹花。

奥斯汀一辈子不嫁，但毕竟还有个善解人意的姐姐陪伴在侧，这到底是幸还是不幸呢？幸运的是奥斯汀姐妹情深的最佳演绎，流传成后世一段佳话，不幸的是奥斯汀家族在简·奥斯汀这一代有多大的不走运，才会使两个女儿都孤独终老，无缘品尝世俗婚姻的幸福。

但无疑，对成千上万的简迷而言，奥斯汀婚姻上的不幸成就了他们极大的幸福。

人们一定会惊奇，奥斯汀出于对独立自我的选择和纯粹爱情的坚守而终身未嫁，那卡桑德拉没有结婚的原因又是什么呢？尽管她的未婚夫不幸早逝，但那时候卡桑德拉还很年轻，有足够的时间再去重觅真爱。姑且认为她是受到妹妹的感染，加上早年丧失所爱，决意孤身一身。况且作为长女，她有一种责任感，不结婚还有诸多好处：比如照顾年老的母亲和未嫁的妹妹。这样的卡桑德拉，让人不得不肃然起敬。

在电影《简·奥斯汀的遗憾》中，奥斯汀不无自嘲地说：自己是姐姐的丈夫，是母亲的丈夫，也是自己的丈夫。

这句话同样适用于卡桑德拉，而且与身后声名斐然的奥斯汀相比，卡桑德拉无疑是更寂寞的。奥斯汀有文学做伴，而卡桑德拉呢？大概只有用画笔来缅怀故人、自怨自艾地隐忍不发了吧。

在简·奥斯汀的葬礼举行之前，卡桑德拉写信给侄女范尼："当时简静静地躺在棺木之中，有股甜美但肃穆的空气从她脸上飘过，让人忍不住想要静下来沉思某些事。"

卡桑德拉远比很多人想象的要坚强，在失去挚亲的妹妹的时刻，她有一种淡定和从容，或许正因为太过悲痛才有这样的表现吧，任何的哭诉和悲恸都无济于事，更不足以表达心中的苍凉之感，所有的一切就化作有些失神的平静了！

## 拮据:瑕不掩瑜的拮据生活

很难想象,困扰心比天高的简·奥斯汀梦魇的竟然是贫穷,这种贫穷让本就单身无所依靠的奥斯汀更加敏感脆弱,甚至常常生出寄人篱下之感。这种贫穷的情况尤其在父亲过世后达到了高潮。

尽管奥斯汀有着世界上最好的父母,他们有教养、宽容,还对她慈爱有加,循循善诱,但是却给不了她良好的物质生活。而相对较高的社会地位,对于奥斯汀一家的财政境况的改善却没有任何助益,甚至是火上浇油。很难想象身为名门之后的奥斯汀夫人竟然去帮人缝缝补补来贴补家用,而因为经济拮据让孩子受不到良好的教育更是可怕的。贫穷的生活并没有剥夺奥斯汀和兄弟姐妹接受良好教育的机会,她和姐姐接受的是家庭教育,而几个哥哥相继接受过不俗的教育，比如长子詹姆斯就曾到他父亲的母校——牛津大学的圣约翰学院就读。这样的话，整个家庭的经济就难免时有负债的情况。

奥斯汀的父亲想到了一个能改善经济状况的方式，就是收留些寄宿生到自己家中。一方面是教授这些学生知识，另一方面能够从中收取相应的费用，既体面又能挣些钱，这样一举两得的方法加上奥斯汀父亲牧师和教区长的薪俸，勉强能够维持一个十口之家的基本开销了。

奥斯汀在出落为亭亭玉立的少女之时，大概才后知后觉地意识到自身的贫穷吧。因为那个时候社交是一种时尚，出去参加社交活动肯定要穿上漂亮的衣服，这对一个年轻的女孩子来说自然更要如此。而卡桑德拉和奥斯汀连平常的衣服都少得可怜，每次有客人来家里做客，都能见到奥斯汀夫人为姐妹两个缝补衣服，一件衣服甚至穿上两三年才会丢弃。

这对奥斯汀来说肯定是不小的身心煎熬。每个女孩在内心深处都有一颗爱美的虚荣心。少女时代，女孩们都或多或少有过那么几次跟母亲磨着要一件新款式的衣服，或者为了自己梦寐以求的一件新发饰而舍不得用零用钱。奥斯汀和卡桑德拉不是不会撒娇，而是因为家里实在没钱为她们姐妹购置时新的衣服，便只得自惭形秽。每次小奥斯汀见到有客人来访，都感到特别尴尬，恨不得迅速收起母亲正在为自己缝补的衣服。但又不能这样做，如果连缝补的衣服都不要了，那她真的就该发愁明天出门穿什么的问题了。

这是奥斯汀少女时代的生活，而别的女孩子却拥有很多漂亮的衣服和玩具，每天被打扮成洋娃娃一样，而且出去访亲走友还都有马车接送，小奥斯汀每每随家人外出，不是徒步，就是要向别人借马车，或者搭别人的车。这种事事要求助别人的感觉，没有亲身经历过的人是鲜有触动的。

这种物质的匮乏在奥斯汀幼小的心灵中势必会产生一定影响的，幸而她更多的时间是沉浸在文艺的世界中，这多少能够降低贫穷的生活带给她的身心伤害。她在16岁的时候就已经写出了一本《英格兰史》，而这种写作的冲动是来自对当下教条式的历史课本编写的不满，而希望能有一种更有趣味的历史解读方式。姐姐卡桑德拉还为奥斯汀的《英格兰史》绘制了插图。在这部不算太成熟的历史书编写中，奥斯汀显露了自己独特的见解和趣味横生的语言天分，这为后来她进行小说创作累积了经验。

女孩的虚荣心只是在她生命中某些闲暇的缝隙中，悄然滋长，偶尔触碰下敏感而高傲的奥斯汀的心。

1798年，她在写给卡桑德拉的信件中不无自我指涉地说："在世界的这个角落里，还有人过着一贫如洗的日子，这让我实在看不下去了。唯一的幸福天堂在肯特，那里的人都很有钱。"而这一贫如洗的生活的拥有者，显然是奥斯汀自己，当然也包括她的姐姐。

哥哥爱德华却有着得天独厚的好运气，得以摆脱贫穷的生活。他被对奥斯汀一家有恩的奈特夫妇相中，希望乔治·奥斯汀能够将爱德华交由奈特夫妇作为他们的继承人来抚养，这意味着爱德华在一夜之间变成了一个有钱人。

奥斯汀显然对哥哥生活境遇的改变感到高兴，也希望有天能够得到一笔遗产，或者变得有钱。那时候的英国，很多古老的贵族或者有历史的家族之间都有着复杂的亲戚关系，说不定哪个穷困潦倒的小伙子就是某位伯爵的远房亲戚，而如果伯爵又恰好没有子嗣，伯爵死后的遗产显然都会属于这个小伙子。而奥斯汀的家族也算名门，一笔从天而降的遗产还是有希望的。

天真的小奥斯汀在为哥哥爱德华感到欣喜若狂的同时，只稍稍幻想了一下,就马上把注意力转到了哥哥送给她的礼物上。奥斯汀很少收到礼物,当她得到一样新东西的时候,她会比别的女孩子更加欢呼雀跃,毕竟这不是她这样家庭的女孩常常遇到的事情。

每次有了买衣服的机会,虽然只能买一件,但是奥斯汀还是高兴地欢呼,并细细挑选,希望能买到一件完美无瑕的衣服,这样的话就能穿很久、很久。

女孩子对衣服都会有一种情结吧。成年以后女孩的个性比较成熟了,对衣服的狂热肯定会有所减轻,对衣服的或克制或狂热的态度才会定型。而少女时代,无论以后会有怎样或朴素或奢靡的穿衣经,都一律会喜欢漂亮的衣服,喜欢自己穿得很好看的样子。

奥斯汀自然也不例外。这就不难解释为什么她看到衣柜中自己的衣服会不高兴,因为里面有一半以上都是她讨厌的,她每次穿上这些衣服都是对着镜子照了又照,但到出门的最后时刻她还是换下了,又穿上之前穿得有些磨损的衣服。她实在羞于穿着它们出去见人,甚至看到那个有些破旧的放衣服的衣柜,都让她感到羞愧脸红。

一定有某些时刻,她穿着并不太合体的旧衣服,出现在某个人家举办的舞会上,甚至被不太友好的人小声嘲笑,这对奥斯汀来说是对自尊心多大的伤害!幸而她心灵手巧,总是和姐姐卡桑德拉一起尝试修改自己的衣服,按照自己喜欢的样式来改,总比不懂时尚的母亲随意缝制的要好。

在成年后的奥斯汀写给卡桑德拉的信件里面,甚至有很多地方也谈到过穿衣打扮的各个方面。尽管很多研究者很不希望伟大的女作家将这些不值一提的小事反复提及,但对一个女人来说,这属于再正常不过的现象了。

也许有人会问,奥斯汀在生前已经有些名气,甚至还被摄政王召见,她就当真没有富裕过吗？

奥斯汀是一个坚持自我风格的作家，她写作小说就是要写发生在自己身边的单身男女的爱情故事，以此来表达自己对爱情、婚姻和社会的看法。这种坚持本身就费力不讨好。当时英国文坛流行的是哥特小说和感伤小说。

而奥斯汀的六部小说，也没有在她生前全部出版，即使已出版的作品，也耗时极长，《傲慢与偏见》从完成到出版就长达16年。出版印册本就不多，再加上微薄的稿费，肯定不能带来多大的财富。1818年,奥斯汀死后的第二年，剑桥大学图书馆拒绝收藏奥斯汀的小说作品，尽管她已经享有很大的名气，而且该图书馆的收藏是不需要支付任何费用的。而直到19世纪70年代，英国不过出版了一种奥斯汀的全集。

奥斯汀不能像当今的网络小说家们，以日更的速度在键盘上面弹指如飞，并获得还算不错的稿酬。她在40多岁的人生中不过才写了六部小说，而这六部小说翻译成中文的字数也不过一百五十多万字，而当今的网络作家们几乎是以日更一万字的速度在创作，更不必说在经济利益的驱动下年产几部小说的数量。

# 社交：崭露头角的英伦甜心

在奥斯汀生活的时代，没有当今信息社会的通达便捷，电子化的家庭娱乐设施，比方电脑和电视等，还没有出现，而这种不发达反倒是使人们将更多的时间用在社交生活上。各种各样的正式的和非正式的社交活动占据了人们大量的业余时间，舞会，野餐，正式和非正式的做客拜访，和其他的社交活动层出不穷……而18世纪的英国，中上层社会的人，尤其是女性，整天都无所事事，唯一的乐趣就是在社交活动尽显中吧。

奥斯汀的少女时代，已经开始渐渐地随家人融入当地的社交活动中，并且在这活动中享受了极大的快乐。

社交活动的收获之一就是朋友。奥斯汀除了有姐姐的终身陪伴外，还有好多要好的同性朋友、社交生活中的玩伴，还有志趣相投的闺中密友。

奥斯汀家居住的社区是非常活跃而友好的，有几家临近的住户与奥斯汀的家人一样，喜爱社交，经常在自己家中自设宴饮的舞会，而奥斯汀家毫无疑问会被视为座上宾。而其中一家叫做比格韦瑟的，跟奥斯汀家十分要好，这家的姓氏本来是比格，为了继承一笔遗产才改成的比格韦瑟，这家的女儿仍采用本姓比格。比格家的两个女儿凯瑟琳和爱勒西雅与奥斯汀姐妹特别要好。妹妹奥斯汀和卡桑德拉去参加贝辛史托克举办的各种舞会，都会在住在此地的比格韦瑟家过夜，毕竟从这里返回斯蒂文顿的路途还是有些远的。

四个志趣相投的女孩在一起，共同度过的时光定是非常快乐的。她们可以一起畅聊在舞会中有趣的见闻，一起探讨新学的舞蹈的步法，甚至两两相伴再意犹未尽地跳起舞来……

除了在外面参加热闹的舞会，奥斯汀十一岁那年，因为表姐伊丽莎的到来，也为她的家庭生活增添了不少的乐趣。在伊丽莎住在奥斯汀家中的这段日子，表姐伊丽莎积极促进了奥斯汀家人的私人戏剧表演，给她们本就丰富的生活锦上添花，增添了更大的乐趣。

不同于奥斯汀的清丽，伊丽莎是个长相妩媚动人的年轻姑娘。在奥斯汀家的一间废弃谷仓里，她和家人经常排练一些经典的剧目，聊以消遣。当牧师公馆的寄宿生假期返家时，他们也会筹备话剧演出。伊丽莎会加入各项角色的客串，也会帮助修改剧本，甚至做些现场的剧务工作。

每当圣诞节来临的时候，奥斯汀一家就把辛苦排演的成果在餐厅隆重演出。欢声笑语不绝于耳，愉快和谐的家庭氛围给奥斯汀带来了极大的幸福。

所以，12岁前的奥斯汀就已经开始大量写作了。当哥哥詹姆斯为家中排练的剧目写序幕的时候,简就在一旁帮忙,有时是提出修改的意见,有时就自己亲自动手帮忙修改了。创作字谜更是一项吸引奥斯汀的游戏。她创作的字谜甚至已经摘抄到了三本四开大的笔记本上了,满满的,充满着谐趣,奥斯汀的创作天分已经在崭露头角了。

少年的生活不只有欢乐,也有令人苦涩的一面。奥斯汀一个要好的朋友,就在她们友情正笃的时候搬离了迪恩,这叫奥斯汀内心很不舍。

希望这小小的荷包能证明/我并没有白费心思做它/因为若你有需要用到针线/它能为你服务/由于我们即将分离/所以它还有另一项用途/当你看见这袋子/便会想起你的朋友

在洛伊德搬家离开前,奥斯汀送给玛丽·洛伊德一个自己亲手做的小荷包,这小荷包是放针线用的,她还在送给朋友的这件小礼物上题了这首诗。

真正认真生活,全身心投入到现实生活中的人,才会对生活有诸多的感触,也才会用一支笔化腐朽为神奇,写出情真意切的文字,从而打动人心。奥斯汀这首诗与她成名后的小说比起来自然是不值一提,甚至有些青涩的笔触,但这并不妨碍这首诗所传递出来的无尽情意。

一直相信,是社交生活和结交朋友,使本来不谙世事的少女成长为笔锋细腻的作家的。

另外,当时几乎公认的一条定理是,社交活动是女人觅得如意郎君的最佳场合。因为人们的正式见面都是发生在各处的社交活动中,基本上都是同阶层或者稍高于自身阶层的人参加,而那时候的英国稍微有些社会地位的家庭对子女管束颇多，社交当仁不让地成为认识异性的最佳场合。

奥斯汀在社交活动中得体的举止和机敏的性格，获得了很多亲友的好评，但由于年龄太小，她还没有做好考虑爱情和婚姻的准备，并且也不愿随便跟一个只是喜欢年轻女子的男士调情。不过，她还是在社交活动中获得极大的自我存在感和被赞许的荣耀的，尽管她并不富裕，穿得也只是得体而已。

这样的如鱼得水的社交生活，有家人朋友在侧的热闹，再想到奥斯汀晚年时候的凄清孤独，总免不了有些两相对比的落寞之感。人的境遇有时候真的不能轻易就下定论，人生总是充满着各式各样的变数，这一刻你在天堂，下一刻可能就坠落到深不见底的黑暗之中。

奥斯汀的这种境遇的对比，和民国才女陆小曼之间定会产生强烈的共鸣。当年的社交名媛经过一场闹得满城风雨的婚变才得以和诗人徐志摩完婚，但徐志摩在婚后不久的飞机失事，给这个一向喜欢热闹浮华生活的女性带来的是生活的巨变，陆小曼从此决意要做一个徐志摩希望她成为的认真的人。而此后的潦倒寂寞却是难以避免的了。奥斯汀从未享受过如陆小曼一样的锦衣玉食的生活，但二人的人生轨迹却有着可以比拟的相似处，都是在早年时代有着自己骄傲的资本，活得多姿多彩，而后却是寂寥和落寞的后半生了。

幸运的是，奥斯汀一直是个倔强的女性，无论是少女时代的酣甜美梦，还是成年之后的情路坎坷和孤独终老，都不妨碍她才情的恣意舒展和个性的独立自足。

奥斯汀与陆小曼年同样面临过浮华生活的诱惑，不同于陆小曼对浮华生活的难以自持，奥斯汀在私人信件中不止一次地透露出对这种浮华生活的警醒。一方面她沉浸在各式各样社交活动所带来的身心愉悦中，另一方面又带着一种超然物外的心绪看待这世俗生活的种种，并偶有不屑。这便是奥斯汀的独特之处，不似旁人庸庸碌碌在这千篇一律的舞会中沉沦，失去自我的思考能力和理性，而是能冷眼旁观，尽管她多数时候是快乐的，但这快乐并不是一种放纵，而是一种有节制的享受。

如果当年陆小曼能够不在挥金如土的生活中沉沦，徐志摩想必也不会为了满足她的物欲而四处奔波以资家用了吧。

奥斯汀是清醒的，而这份清醒中表现出的正是她的矛盾之处，在对社交生活中的热衷中透露出些许的厌倦，一如她对衣着打扮的矛盾态度，一方面对其有挑剔的眼光和严格的态度，另一方面又觉得可有可无。

这样的奥斯汀有鹤立鸡群的立场和独特的态度，实在难能可贵。向下的沉沦从来都比向上的升华要困难得多。而俗世男女，又多随波逐流之辈，有多少人能够坚持自己的生活方式而不盲从，又有多少人受得了孤独，甘愿寂寞地行走在众声喧哗的世界里呢？

## 闺情：侄女的相知与背叛

奥斯汀的侄女们在她已届中年的时候，引起了她的注意：一个是安娜的小说；另一个则是她最喜爱的侄女范尼的恋情。

奥斯汀的侄女之一安娜也是个致力于文学创作的女子。这种创作热情尤其在她结婚之后达到了高潮。安娜经常就自己创作中遇到的疑难问题向奥斯汀请教。而奥斯汀在对安娜的指点中也体现出自己独特的文学观：写作应该具备两个特质——"合理的可能性"与"确实性"。

安娜似乎在写作天分上比起奥斯汀还相差甚远，但可贵的是这个姑娘是个勤奋努力的人，而且从写作中收获了不少的乐趣。侄女安娜的创作激情很大程度上是受到姑妈奥斯汀成功出版图书的鼓舞，笔耕不辍的安娜在奥斯汀去世之后就烧掉了此前自己创作的作品,并声称不再写作,因为写作会让她想起姑妈奥斯汀,这个亦师亦友的可爱长辈。

而侄女范尼会就自己的恋情向她专擅爱情小说创作的姑妈奥斯汀寻求指导。与布朗崔先生陷入情网的范尼显然有些经验不足的青涩,她似乎认为爱情只要有经验丰富的良师指导就一定能修成正果,即使这良师只是她眼中纸上谈兵的姑妈,奥斯汀的爱情经历对于小辈们显然是秘而不宣的。

奥斯汀不止一次地告诫像自己当年一样年轻可爱的侄女:"任何事情都比没有感情的婚姻来得好……这句谚语不是我说的;你必须清楚地了解,失望是会使人陷入绝境的。"

在面对布朗崔先生的爱情攻势时,范尼似乎表现得有些傲慢和摇摆不定,或许她认为自己还年轻,不必急于一时,更好的人或许在后面。但这样的选择心态并不是奥斯汀所赞许的,她希望侄女能很好地确定自己的内心,不以自己的年轻为资本而辜负了一段好恋情。

奥斯汀之所以乐于充当侄女范尼的爱情顾问,是因为这个伶俐而聪明的侄女深得奥斯汀姐妹的喜欢,侄女安娜对于奥斯汀来说是以文会友的朋友,而范尼显然更像是志趣相投的姐妹。奥斯汀在写给卡桑德拉的书信中就对范尼赞赏有加。

我很高兴你对范尼有这样的看法;我在夏天与她见面,她就跟你信中所描述的一模一样。她几乎就像是我们的妹妹。我从没想过自己会有一个如此重要的侄女。

而且奥斯汀在写给其他侄子侄女的信件中,开头的称谓都是我亲爱的某某，而唯独对范尼的称谓与众人不同，是"我最亲爱的范尼"。奥斯汀在病重的最后时间里，唯一喜爱做的也是最快乐的事情就是阅读和侄女范尼往来的信件，她从中获得了极大的乐趣。

侄女范尼也和奥斯汀关系亲密，不仅因为在她心目中这个姑妈是与众不同的女子，还因为姑妈奥斯汀的小说让她有种欲罢不能的阅读欲望。范尼本人对《傲慢与偏见》爱不释手，还非常喜爱书中的人物达西和伊丽莎白，同时对书中的反面人物也深恶痛绝。她还是个天真的姑娘，爱憎分明，嫉恶如仇，口中所说就是心中所想。

在奥斯汀生前的很多岁月，她和自己的侄女们处于一种极为和谐的关系之中。一起出游和参加舞会是最常见不过的事情，从侄女身上她甚至有种看到自己当年年轻时候样子的感觉。这种活力感和对昨日的想象性呈现，定是给奥斯汀带来了极大的乐趣。

女人之间的忌妒是最可怕的情愫，奥斯汀却丝毫也不忌妒侄女的青春，自己的苍老和范尼的青春是相形见绌的，她可以在舞会中尽情地跳舞，完全忽视男士们向侄女范尼的青春活泼所投去的赞叹的目光，而自己的才华在这青春面前变得不那么重要了。

奥斯汀已经不再年轻了，自己哥哥的女儿如今已经成为了亭亭玉立的少女，甚至都有嫁作他人妇的资格了。豁达的奥斯汀，不会妄自菲薄，相反，她更喜欢和年轻人在一起，毕竟自己的青春不在了，能做的就是从别人的生活中捕捉往日的影子。

尽管奥斯汀有着以自己痛苦的爱情体验作为教训，帮助自己的侄女认识到爱情的重要，范尼却还是没有与布朗崔先生修成正果，但她最后的归宿也算是皆大欢喜,她嫁给了一个出身很高的有钱的勋爵。

这样一个让奥斯汀珍惜的侄女,却在奥斯汀死后成为了另外一个人。1820年,范尼结婚之后,她似乎有些嫌弃自己的家庭,对奥斯汀家族嗤之以鼻,甚至将奥斯汀曾经写给她的书信弄弃,而奥斯汀家的其他人还沉浸在对奥斯汀的回忆中,而这回忆主要是依靠奥斯汀生前写给他们的书信。可是这么重要的回忆线索,竟然被范尼轻而易举地弄弃了!

女人间的友情果然奇妙,有些人即使不必费心经营,也能够维持终生的默契和友谊,而有些情感即使苦心孤诣也未必能够有好的结局。

如果泉下有知的奥斯汀,看到自己最挚爱的侄女范尼写给自己妹妹的一封信,其中对奥斯汀及其家人表示出公然的鄙夷,奥斯汀想必会伤心欲绝吧。范尼在信中提到:奥斯汀一家出身不高尚,奥斯汀距离典雅精致也相去甚远,在与更有地位的人交往的过程中才得以提升自己的素养……

这显然已经不是当年那个让奥斯汀感到振奋的如姐妹一样的侄女了,她嫁入豪门后,整个人已经变得面目全非了。

奥斯汀在看到这样的评论时,也许会反唇相讥。但当看到署名为挚爱的范尼的时候,大概会有种无言的酸楚和悲哀的感觉吧。

姑且用人生的不完美来聊以自慰吧。奥斯汀一生蹉跎,她体会过了太多的无法两全的人和事。我们只能庆幸,范尼性格的极大转变是发生在奥斯汀去世之后,这样能对奥斯汀的敏感而骄傲的心灵减少几分创伤吧。

范尼的所谓归宿也不过是攀上一个更好的门第的婚姻,这也是奥斯汀始料未及的。相较之下,电影《奥斯汀的遗憾》中的处理却叫人感到无限的希望,范尼最终选择嫁给的是一个有好几个孩子的鳏夫,她最终是继承了奥斯汀的遗志，选择了心中所爱，摈弃了世俗的偏见。

奥斯汀一生都致力于在其小说中探讨女人、男人、婚姻、金钱和门第的问题，而且对那些一心想嫁入豪门的女人极尽嘲弄之能事，却没想到自己最为欣赏的侄女最后在一场豪门婚姻中失掉了自我和人性的美好，成为了一个势力、忘本的尖酸妇人。

# CHAPTER

## 伤痕 03 ♥
### 伤疤下再生的是知性

经过一番天旋地转的恋情折磨后,明智的女人总会选择克制的方式去遗忘或者铭记,而不会哭哭啼啼地非要弄出个惊天动地来。奥斯汀是偏向理性的女人,即使经历永失所爱的痛苦,也自会重拾宁静自处之心,安稳地在浮沉的人世中好好生活,方不虚此生,在岁月静好里安度此生。

## 遗忘：笑着遗忘是最好的祭奠

他们说，爱情就像一朵玫瑰

我觉得，爱情就像一缕清风

来自何方，吹向何处

无人能知，无人能晓

它是悲伤的源泉：

让你痛哭流涕

而且常常使

朋友变成仇敌

——和《玫瑰》一诗，1807年

这首作于1807年的诗作，可以说是奥斯汀真实情感的自然投射，32岁的奥斯汀距离那场痛彻心扉的爱情已经有十几年的时间了，再加上后来的种种情感纠葛，势必对她本就心如死灰的心投射了更为浓重的影子，让她才有这番透露出些许悲伤调子的小诗。

这时候，居住在巴斯的奥斯汀，在很寂寥的时光中打发着岁月，所思所想完全是处在一种自我沉潜状态的激发。

那些回不去的少年时光，伴随着热恋时节的轰轰烈烈，在青春不再的时候，除了偶有悼念，多数的时候是将这情绪隐忍不发，深深地藏在岁月最深的纹路里，这是一种自我保护，更是一种敝帚自珍吧。而且，经随着时间的流逝本已结痂的伤口，已经渐渐没有了当年的剧痛，但是偶尔碰触，也还是会有一道鲜明丑陋的疤痕存在的。

私奔未果之后，奥斯汀过了一段不问世事的深入简出的生活，但还是挡不住外面好消息的传来，听说勒弗伊已经和别人订婚了。

初次听到这个消息的时候，她内心必有一阵澎湃，暗中还有种心痛的感觉。手中的刺绣不觉得停住了，那细细的银针，竟似有千斤重，她有种手握重锤的错觉。

明明在心底跟自己约定不去介怀，将与这个人有关的一切通通深埋，这段回忆只有死亡，才能够永垂不朽，却还是忍不住关切，他过得好不好。

是一种对情敌的特殊情感吗？她竟对和他订婚的女孩特别地关注，这份关注甚至超过对于他的。她忌妒？对，她忌妒这个人替代了自己的位置，自己才是该和勒弗伊走入婚姻殿堂的人，他们才是最为登对的一对，如果不是奥斯汀自己的退让，怎么可能让一个第三者捷足先得。对，勒弗伊的新娘是一个后知后觉的、迟到的第三者。

她恨？对，她恨。他怎么能够这么快就有了新欢。即使不是出于爱情，为什么就不能让他们的这份感情沉淀得再久一点？久到能不触动她的心弦的时刻，他再去寻觅自己的新娘，这样的话，不是更好？她知道自己有些自私，既然选择了放弃，又凭什么去苛求一个并不属于自己的男人的选择？

现在理智命令她去遗忘，她微笑着跟理智说："好。"

情感的狂潮却早已经将她席卷。

这个适合他的女孩家境远比奥斯汀要好，能解决他的财政困难，帮助他的父母和兄弟姐妹，甚至在他的事业上能够助他一臂之力。

而后来事情的发展也果真如奥斯汀所设想的一样，勒弗伊的家庭情况得到太太家族的帮助，有了很大的改善，他的兄弟姐妹们也有了很好的发展，他也得偿所愿成为了爱尔兰高等法院的王座庭庭长。

勒弗伊的婚姻真的换来了他所需要的一切，或者是说他的家庭也同样需要的一切。

这种有些买卖之嫌的婚姻，要是换在平时，奥斯汀肯定会表现出极度的鄙夷，但是这却是她潜意识中希望勒弗伊拥有的。没有了爱情，难道还要剥夺他好好生活的资格吗？

她一直认为她是剥夺勒弗伊爱情的刽子手，而且冷酷无情，没有丝毫的悔意。女人分很多种。有些女人即使是拒绝，也要四两拨千斤，让人摸不着头脑，甚至分手也还要为自己留有余地；有些女人，具有痛痛快快的凌厉风格，即使满身伤痕，也在所不惜。奥斯汀显然是后一种。她不要给对方和自己所谓的幻想空间，爱与不爱要拿得起放得下，再多的不舍和留恋只是徒增伤感而已。女人的世界从来不是只有男人的，除了爱情外，还有很多事情能够做。

她从来不是那种没有爱情就不能活的小女人，也鄙夷那些以爱情之名滥用感情的人。她有着自己独特的爱情理解，有着自己爱情实践中的深深感怀，也会在黑夜中祈祷着爱人能够获得幸福。

奥斯汀将自己的全部身心投身到创作中，这虽然称不上是一件多么具有女性主义的壮举，却也是一种她所选择的遗忘的方式。

这与一个世纪之后的伍尔夫是多么地默契，尽管伍尔夫的写作常被标榜为现代主义的和女权主义的，但巧合的是，二人都在文学的天地中表现出女性不同于男性特有的才华，都将坎坷的人生转变成持续不断的创造力。

伍尔夫作为英国女性主义文学的代表人物，也是依傍其坎坷的人生经历为创作的潜在资源的，相比伍尔夫少女时代被同母异父的哥哥性侵造成的终生相随的心理阴影，奥斯汀要幸运得多。奥斯汀的情感创伤是多数女人们会遇到的，而伍尔夫所遇到的却只是属于少数。

与奥斯汀因病去世的自然死亡不同，伍尔夫选择了一种极端的方式来告别人世，她在投湖自杀中获得了最终的宁静。伍尔夫是欣赏奥斯汀的，二人的精神气质也有相通之处。奥斯汀是在克制的理性和激荡的情感中辗转反侧，而伍尔夫是在黑暗的深渊和光明天堂之火中徘徊。

坎坷的人生既是天才女性的梦魇，也是激发她们创造力的源泉。

在人生遭际困顿的时刻里，坚强的女性们每每不会假手于人，寻求所谓的帮助和救赎，多是在自我的精神迷宫中寻求突围，自救会是一个更加崇高的姿态吧。

**奥斯汀要遗忘，即使这遗忘有些刻意和矫情。**

那时候，奥斯汀最喜欢的人大概就是马丁夫人了。不是马丁夫人本人有多讨人喜欢，而是因为她开了一间流通图书馆，主要是收集小说和其他的各类文学作品，供有钱有闲的中产阶级阅读，而且主要面向的是妇女。

奥斯汀就从马丁夫人的流通图书馆获得了极大的快乐，这样也得以沉浸在书海中，而无暇去思考那段迅速炙热又回温的感情。

各式各样的聚会中，她也会跟附庸风雅的人士谈论些有意思的小说情节，进行一些无关痛痒的指摘。

1797年，奥斯汀为自己完成的《第一印象》（后来的《傲慢与偏见》）的手稿，她各方奔走，希望为其寻求出版机会。但是那个时候的小说显然不被看重，尤其是像奥斯汀这样初出茅庐的女作家更是无人问津的，有名的文学家多是写诗歌和戏剧，他们根本就不屑于进行小说创作。

结果可想而知，奥斯汀为自己的小说出版迈出的关键一步以失败告终。

她多次提及，自己的小说就像是自己的孩子一样，所以她很珍惜，即使不能最后面向市场，也没有遗憾了，毕竟也风风火火地付出了辛劳，何必去在乎结果呢？

小说《第一印象》（《傲慢与偏见》）中男女主人公的爱情最后以大团圆的结局收场，王子和公主幸福地生活在一起。相较奥斯汀现实中初恋的痛苦，这种结局的处理显然是一种精神慰藉和替代性的满足，现实中她无力左右自己人生走向完美，却可以在小说中让女主人公同时收获爱情和财富。这样的美梦是全天下所有女人都愿意做的，而且恨不得一睡不醒，永远生活在梦中，与王子长相厮守。

女人们不管是青春还是年老,是美丽还是丑陋,都有着少女一般的公主梦,对有情人终成眷属的俗套从来都无法抗拒,而俗套的温馨正是符合大众感情诉求的,是人类普遍对于真善美追求的生动体现。没有人愿意孤独终老,没有人愿意过一种郁郁寡欢的生活。

# 悲悯：祸不单行的患难姐妹

当我们深陷逆境的时刻，看到别人幸福地生活，这无疑是一种熨帖的安慰，这事实告诉我们，人世并不是永远的悲哀灰色；而当我们与身旁的人同样陷入水深火热之中，这种摧毁人心的力量让人如何应对？而且这个旁人是至亲的姐妹。

这不是让人欢欣鼓舞的好消息，祸不单行的奥斯汀家里面迎来的是大女儿卡桑德拉的婚变。婚变的男主角卡桑德拉的未婚夫不是因为变心而无法履行婚约，而是永远离开了卡桑德拉。

就在奥斯汀的初恋陷入危机，最终无疾而终的时候，卡桑德拉也陷入了痛苦的相思之中。卡桑德拉的未婚夫是一个穷小子，为了能够赚到足够的钱迎娶卡桑德拉，无奈只有到西印度群岛作随军牧师，这事发生在1796年。

奥斯汀因与勒弗伊陷入永远的失恋痛苦中，她夜夜无法入眠。而卡桑德拉也在日复一日的相思中，容颜憔悴。

卡桑德拉不愧是奥斯汀的姐姐，她也不是那种爱慕金钱的庸俗之人，出于爱情而和贫穷的托马斯走在了一起。这样的节操却没有为她赢来一个顺利的婚姻。

卡桑德拉的婚姻不像是妹妹的初恋遭到家人的一致反对，但她觅得的另一半也是穷小子，双方家长却根本就不在意，对大女儿的婚姻生活没有过多的干预。也许是因为卡桑德拉从小的乖顺性格吧，一向顺从的她难得有勇气自己选择终身伴侣，做父母的默认也许是唯一能为她做的了。加上已经到了适婚年龄，横加阻拦的话只会让年纪不小的女儿待字闺中了。

更何况卡桑德拉的未婚夫托马斯的家人并未嫌弃奥斯汀家没有钱，不介意儿子找到的是一门穷亲家。完全不像勒弗伊的家庭那样现实地想为他缔结一个富贵的婚姻。

只是这样的成全并没有为这对可怜的恋人带来好运气。

托马斯不但没有挣回钱，还葬送了年纪轻轻的生命。1797年2月，他因黄热病死于圣多明各。这个年轻人的不幸夭折，让他的资助人也感到特别遗憾，并懊恼将一个有婚约的人带到西印度群岛去。

奥斯汀家的姐妹都有种特别坚强的个性，她即使遇到这样的晴天霹雳，卡桑德拉也没有表现出过度的脆弱。

她在家人面前多是表现出一种适可而止的脆弱和难过。

而奥斯汀此时也沉浸在对过往恋情的怀念中。本该是无暇顾及的，却还是对姐姐的丧偶之痛表现出极大的悲痛，虽然勒弗伊和奥斯汀之间的爱情没有修成正果，但勒弗伊毕竟还在这世上很好地生活，而卡桑德拉与托马斯之间竟成了永别。奥斯汀将本来哀悼自己恋情的悲伤基本上全部转移到了卡桑德拉身上。

两姐妹的遭遇可谓是殊途同归，都在男女情感上遭受了挫折，不想过多表现脆弱的姐妹俩，在夜深人静的时刻，想必会秉烛夜谈，说说体己话，互相借个肩膀，表达下对彼此遭遇的深切共鸣。

如果说时光能够倒流，让两姐妹可以不再经历这样的感情折磨，她们会选择不吗？

我想，答案是否定的。她们依然会忠实于自己内心的选择，爱其所爱，轰轰烈烈地走完这段人生中妙不可言的旅途，尽管事后会有接二连三的情感冲击，猝不及防的悲剧降临，却丝毫不能改变两个女孩对爱情的向往。

从此以后，任凭有什么人来撩拨她那颗敏感多情的芳心，卡桑德拉都没有再去考虑过婚姻大事。她似乎变成了一个绝缘体，不再碰触那让人痛苦的精神鸦片——爱情。如果不是因为他要给她一个体面的婚礼，托马斯也不会离乡背井，甚至沦落到客死异乡的地步，善良的卡桑德拉似乎陷入了一种沉重的道德枷锁中，无法自拔。再者，经历过了生死绝恋的她，又如何再重开心扉去接受一个烟火丈夫，去感受一种平淡如水的婚姻呢？

忽地想到了电影《胭脂扣》，如花在阴间 50 年苦等而不得的情况下奔赴阳间，一个艳丽的女鬼穿越时空，只为了当年的一句承诺。十二少却在人世苟延残喘地活着，直至垂垂老矣。他没有忘记当年的誓言，只是已经失去履行诺言的勇气。而执着的如花即使化作女鬼，也依然在等待真爱的脚步。

女人在爱情中总是执着的，执着到有些冥顽不灵的地步。男人有时候漫不经心的一句话，就能够让女人思考很久、很久，反复揣测、玩味话中的意味，生怕漏掉了天机。

男人们总讥诮女人的大惊小怪和小题大做，并且因为女人们敏感的神经和脆弱的情感诚惶诚恐，女人们也总嫌弃男人们不够爱她们，总是不够坦诚自我，不够深情浪漫。

两性之间的差别让男女间对爱情的理解也很不同，当年上帝从亚当身上取下一条肋骨造出了女人夏娃，显然没有那么合理，不然男人和女人之间的天壤之别何以如此明显呢？爱情故事中总是有态度的误解和冰释前嫌的挫折。

卡桑德拉和奥斯汀在20多岁的年纪里也可谓是同患难了。只是她们没有料想到的是，在接下来漫长的年岁里，她们还会一直扶持着彼此，相伴到老，一直到死。

奥斯汀全身心地投入到文学创作中，一方面缓解了自己心如死灰的内心，另一方面也借写作来抒发内心的忧郁，包括对姐姐遭遇的感同身受。

奥斯汀在《理智与情感》中为女主角的理智辩护，所持的观点是表现坚强与情感的强烈与否，并没有直接的关系。而这辩护显然指向的是姐姐卡桑德拉在未婚夫死后的坚毅，只有奥斯汀知道，姐姐的坚强并不是无情和健忘，而是天性懂事，并能很好克制情感的流露，而这流露只发生在奥斯汀姐妹之间而已。

而就在奥斯汀姐妹纷纷闭门谢客，不再去触碰爱情这精神鸦片的时候，奥斯汀家的兄弟们却陆陆续续地结婚，忙得不亦乐乎。这真是鲜明的落差！卡桑德拉不会迂腐到要用自己的青春岁月给逝去的未婚夫陪葬。她的不嫁不过是一种陪伴而已，陪伴自己那颗依然爱着的心，尽管爱人已经永远不在。

如果有新的人能重燃她已经奄奄一息的爱火，又有何不可呢？只是卡桑德拉远没有妹妹奥斯汀来得幸运罢了。

卡桑德拉也许忌妒过妹妹的好运连连，尽管没有步入婚姻殿堂，却经历过几次轰轰烈烈的恋爱，甚至有传言说她曾经搅黄过妹妹的一次恋情。

渺远的历史已经无法完全还原其真实面目给当下的我们，我们无从得知姐姐卡桑德拉是否是一个好忌妒的女人，甚至不惜破坏妹妹的幸福。但是有一点是真实可信的，她是多年来一直陪伴奥斯汀、替她分忧、伴她快乐的同甘共苦的姐姐！她是这个世界上能让奥斯汀动容的人，而奥斯汀对她亦如是。

**克己:拒绝没有爱情的追求者**

### 鹊桥仙

### 【宋】秦观

纤云弄巧,飞星传恨,银汉迢迢暗度。金风玉露一相逢,便胜却人间无数。

柔情似水,佳期如梦,忍顾鹊桥归路。两情若是久长时,又岂在朝朝暮暮。

秦观笔下的绝美恋情,让人心向往之。牛郎织女的浪漫传奇,用以鼓舞世人为爱而强大,两情相悦,即使无法长相厮守,又如何呢?

即使失去的恋情,经历过也总是一段美好温存的纪念,而与美好的失之交臂,也不会丝毫影响人们对美好的执着念想。

本以为平静如水的生活会一直持续下去，但奥斯汀的平静生活还是被一位突然而至的访客搅乱了。

这位年轻的男子是一位颇有成就的年轻人，他是剑桥大学以马内利学院的评议员，而且还是一名享有圣职的牧师，家境也还算富庶。按常理说刚刚遭遇恋情失败的奥斯汀，能有这样符合结婚条件的男子出现，不能不说是一种幸运。

而奥斯汀也在自己未完成的小说《沃特森一家》借人物之口表达过对婚姻的看法，伊丽莎白·沃特森叹息道："要知道，我们必须嫁人，……父亲可不能一直养着我们，等我们到了人老珠黄，一贫如洗，遭人耻笑的时候，那可就太惨了。"

诚然，奥斯汀从来不是一个反对婚姻的顽固女性，独身只是不愿将就而不得已而为之的一种生活方式。如果能够有幸遭遇真爱，婚姻的围城她也是欣然前往的。

只是她一向坚守原则，不止一次地声称，每个人至少这一生有一次为爱而结婚的权利。

如果单身男女纷纷涌入婚姻市场，只在等价原则的支配下择偶的话，这该是多大的不幸啊！

当时的英国法律规定，婚姻几乎是不可废除的，一旦结婚就必须信守婚姻的承诺，从一而终。而上流社会的人准许离婚，却也只有丈夫能单方面与妻子离婚，而妻子却无权提出离婚，即使她的丈夫是个非常不堪或使用暴力的人。这种男女不公平，更叫女人对婚姻的选择格外慎重。正所谓，一入围城深似海。

如果奥斯汀能有幸见到现在各种大行其道的相亲节目和联谊大会，想必会大跌眼镜吧。民主化程度极高的当代社会，造成了选择的多样化，却批量生产了一批又一批大龄的单身女人。她们希望能觅得真爱，并白头偕老，，却不想一次次在婚姻市场上铩羽而归，当代社会在这一点上又与十八九世纪的英国大致相同。

布莱考尔牧师几乎在第一次见到奥斯汀的时候，就认定了这是个颇有才情的女子。但是又因为没有把握，不好马上求婚。只得通过旁人旁敲侧击，多方了解奥斯汀的情况，以求知己知彼。他希望有近水楼台之便，希望奥斯汀的亲友能帮助玉成此事，却又不敢抱有太大的希望。

陷入单恋的布莱考尔牧师还是十分谦卑的。

如果以天时地利人和论的话，他算是只有地利一条而已。在布莱考尔认识奥斯汀的1798年，她那段炙热的要将人烧成灰烬的初恋刚结束不过两年。两年的时间很短，以至于那场歇斯底里的爱恋恍如昨日；两年的时间又很长，每一日都活在对既往痛苦的全力遗忘中，却还是有力不从心之感。

尽管奥斯汀对布莱考尔牧师没有那种爱情的感觉，却也没有马上给予拒绝。她似乎是在等候对方自动放弃，并不想给对方造成太大的情感伤害，自己也不过刚刚从一段受伤的感情中走出来，甚至至今还留有很深的情感阴影。

"我感到非常满意，一切都会进行得很顺利，然后以一种合理的方式消逝……"

奥斯汀之所以如此预言二人的关系，是因为她深深明白自己与布莱考尔牧师之间巨大的鸿沟。就像那句"子非鱼，焉知鱼之乐？"奥斯汀的悲喜并不是牧师布莱考尔能轻易理解的，人与人之间的默契有时候很微妙，即使一辈子相识或许也无法赢得相视而笑的一致，而只短短的几次相会竟有着心潮澎湃的悸动。

尽管布莱考尔牧师主动向奥斯汀示好，表示出非卿不娶的决心，但是奥斯汀显然觉得这个理智多于情感的牧师并不是自己理想的伴侣。加之他似乎对奥斯汀的文学创作不置可否，很少谈及奥斯汀的写作，即使偶尔谈及也是简单几句话一带而过。务实的性格让他认为，写作并不能给身心带来多少益处，徒劳地浪费很多宝贵的时间。

这种有些功利主义的观点显然不会博得鹤立鸡群的奥斯汀的赞同，二人之间本就有隔膜、有距离，自会渐行渐远。奥斯汀需要的不仅仅是一个可以陪伴和照顾她的男人而已，这样的男人比比皆是，她需要的是一个理解她、欣赏她的灵魂伴侣。

而当布莱考尔牧师正式提出求婚的时候，得到的答案显而易见。而这个原本痴心一片的年轻人，在求婚遭拒之后，并没有消沉厌世，而是重整旗鼓，在1813年与另一位小姐步入婚姻的殿堂。

既然布莱考尔已经和奥斯汀再无瓜葛，也如愿地与一位小姐结婚，奥斯汀便放开此前的忌惮，在写给哥哥法兰西斯的信中开起了这位前追求者的玩笑，她不无调侃地预测道："我希望路易斯小姐（布莱考尔的太太）为人文静又无知，但天性聪颖又肯学习；下午茶喜欢吃冷肉派，喝绿茶，夜间喜欢绿色的窗帘。"

尽管这对平庸的布莱考尔夫妇有些调笑，但也透露出了奥斯汀和布莱考尔的截然不同，而聪明的奥斯汀早就看到了这一层。

奥斯汀并没后悔让步入婚姻殿堂的机会从指缝间溜走，而是庆幸自己能够坚守自持，并没有因为结婚而结婚，即使终生身为单身女人，比起进入无爱婚姻的境遇还要凄惨，她也甘之如饴。

这世界上有很多种人，每个人都有选择自己生活方式的权利。有人希望过一种物质富足的生活，便毅然选择步入婚姻的围城，而有人即使过得凄清悲惨，也不愿委屈自己，只希望能云淡风轻。

托尔斯泰笔下的安娜在年幼无知的时候，由自己的姑姑安排，她嫁给了一个高级官员，本来也是夫唱妇随，风光无限。却不想无爱的婚姻消磨着这个年轻女人的激情，压抑了她本有的生气，即使可爱儿子的存在也难以捆绑一个女人对爱情的渴望。

安娜选择了别林斯基，即使被千夫所指，成为上流社会口诛笔伐的对象，她也无怨无悔。能轰轰烈烈地爱一次，此生足矣。

如果一个人年轻的时候没有爱过，没有经历过浪漫的恋情，那么她的心在往后的岁月里会快速衰老，以一种理智和克制的姿态经历人生，少了些放纵和任性的快乐。

一个过于理性和刻板的人，少年的时候一定没有恋爱过，没有激动过，更没有享受过狂喜的突兀的情感的冲击，没有因激情的喜悦而泪流满面过。四平八稳的理性从不是奥斯汀所激赏的，奥斯汀笔下理性自觉的女性，是有着深刻的见解和洞察力的理想女性的代名词。

在生命之火未曾熄灭的时刻，抓住真爱，以弥补青春年代从未品尝过的浪漫情怀，这也未尝不是一种迟到的快意。

奥斯汀是从容淡定的，这种从容淡定不是人生枯槁的外显，而是一种经历过风雨之后荣辱不惊的优雅和知性。

在此，奥斯汀并不是一个三俗偶像剧的女主角，做出些为爱惊天地泣鬼神的壮举，而只是在宁静的岁月中，有着自己原则并为此默默坚守的如白莲花一样的女子。

她不是要活在乌托邦的梦幻中，也希望理想的情人早日出现，只是从不因为这满心的期待而降低或放弃自我的原则。达西先生大概是不会来的，她要的也不是完美的达西先生，但也绝不是牧师布莱考尔。

每个女人在自己的人生中都会遇到这样的布莱考尔，称得上是条件可以的异性，个性也好，是理想的结婚对象。却又总感觉缺少些什么特别的东西。细想下，是少了一种感觉。而这样的布莱考尔先生，也不会死缠烂打地非卿不娶，即使有过，也不过是坚持短则数月长则一年的突击战；随后便转身去寻找下一个淑女，他们都没有成为彼此的唯一。

## 创作：堪比莎翁的女性作家

英国文学史上名垂青史的女性作家不在少数，勃朗特姐妹、乔治·艾略特、弗吉尼亚·伍尔夫、阿加莎·克里斯蒂……

而简·奥斯汀无疑是女性作家中的佼佼者，这份佼佼者的荣誉一方面在于后人对其作品的诸多赞誉，另一方面是因为奥斯汀开启了一个时代：一个女性写作群体昂首步入文坛的时代。

奥斯汀在文坛上从来不是一个寂寞的独行侠，同时代的司各特就对她的小说激赏有加，在当时名噪一时的刊物《每季评论》中，已经享有盛名的司各特就撰文褒奖了奥斯汀的作品《爱玛》。

司各特这样赞赏奥斯汀："大喊大叫的笔调我本人也能为之，并不比现在的任何人差。但是（奥斯汀）那种细腻的笔触，由于描写真实，情趣也真实，把凡人小事勾勒得津津有味，我就做不到。"

凡是阅读过奥斯汀小说的读者，对于司各特这样的赞赏肯定会觉得实至名归。而后来有人将奥斯汀与莎士比亚比肩的说法，就叫有些人感到困惑了，奥斯汀的崇拜者会固执己见地坚持偶像具备与戏剧大师莎士比亚分庭抗礼的能力，其他的芸芸众生定是各执一词的。

美国评论家威尔逊曾不吝笔墨评论道："英国文学史上出现过几次趣味革命，文学口味的变化影响了几乎所有作家的声誉，唯独莎士比亚和简·奥斯汀经久不衰。"

众所周知，夏洛蒂·勃朗特曾经鼓起勇气给当时的桂冠诗人骚塞寄了自创的几首诗歌，却不想遭到这位声名显赫的大诗人的责难，对方毫不客气地说："文学不是女人的事情，你们没有写诗的天赋。"

夏洛蒂是晚于奥斯汀的女作家，只不过浅尝辄止地尝试些文学创造，竟遭到如此的斥责。可想而知，奥斯汀当年的写作环境是多么地恶劣，尽管有司各特等文学大家的力挺，但奥斯汀的人生和大多数历史名人如出一辙，属于生前寂寥无名、死后声名鹊起。即便如此，恰似当年夏洛蒂的锲而不舍的精神，女性作家们的先辈——奥斯汀在进行文学创作时，也有一股锲而不舍的精神。

在蛰居巴斯的日子里，社交生活的无聊乏味，更令奥斯汀将自己的全副精力都投注到写作的兴趣中来。她开始着手写一部新的小说《沃森一家》，不过遗憾的是在动笔写了一万多字的时候，奥斯汀放弃了这部小说的创作。而奥斯汀后来解释自己放弃的原因：认为自己不该将笔下的女主角描写得这么卑微，并且让她生活在贫贱与绝望中，虽然这种描写并不代表她庸俗粗野，但令人悲伤的是，她却有堕落到那种程度的可能。

奥斯汀是一个对自己孩子——小说——负责的母亲，既然创造了一部小说，赋予了它生命，她就务必尽职尽责。另外，她不想把女性塑造得这么不堪，她从自己的亲身经历体验到，那时候的女性生活（尤其是单身女性）已经很艰难，她从不打算在小说中继续将她们推向水深火热之中。

同时，擅长家庭题材的奥斯汀，却在《沃森一家》中尝试自己并没有涉猎过的贵族和平民的爱情，另外还对牧师的形象着墨颇多（作为男二号），这不能不成为她放弃该小说的现实原因。

一个真正成熟的作家，就像是一个在恋爱中仍能保持理智的女人一样，知道自己想要的是什么，更知道如何恰如其分地表达。

比起作品的半途而废，卖出手稿而无缘出版的经历或许更让人恼火。奥斯汀在1803年，差点将自己的一部作品出版。可惜的是，在将《苏珊》的手稿以十镑的价格卖给出版商而迟迟没有出版之后，奥斯汀见识到了作品上市之路的艰辛曲折。

至此，奥斯汀的早期小说也都没有觅得任何出版的机会，尽管奥斯汀的父亲早在1797年就为女儿的手稿寻求出版机会，但是出版商接连拒绝阅读奥斯汀的手稿。乔治·奥斯汀想要证明的是女儿的写作绝不是仅仅满足个人兴趣的游戏之作，奥斯汀的写作中还是有对人生的严谨思考的，有自己的自成一体的结构，却不想出版商连看都没看一眼。

奥斯汀没有因为自己的作品没有公诸于世而感到过多的苦恼，最多只是当时有些懊恼，就又投入了欢快的生活之中，与姐姐卡桑德拉在各种游玩中鉴赏生活的种种面貌。

包括奥斯汀在内的诸多英国女作家，很多并没有接触过正规的教育，多是在良好的家庭环境的熏陶下识文断字、知书达礼，而且很多女作家的生活范围特别狭窄，并没有接触过外面的世界，多是和亲人、邻里朝夕相处。

这种狭窄的生活空间从反面给了女性作家们足够的自由和空间。她们的写作必然是一种非功利化的行为，是一种燃烧生命能量的自觉行动，丝毫不为名利，只求短章抒怀，表达些个人的体验与看法罢了。

奥斯汀的笔端，倾注了关于爱情的浪漫狂想，展现了英伦乡村的民风民俗，刻画了可亲可爱的绅士淑女，表达了其独特的价值观和世界观。

也许有人会忍不住将奥斯汀和其他的英伦女作家对比，试图找出这些境遇雷同的女作家的惺惺相惜之处，甚至误以为她们定是同仇敌忾的姐妹花。即使生活的时代不同，因为男性垄断写作的强大传统，这些娇弱的女士们总该是相互扶持的。

却不想，文学观的差异让这些女作家之间的关系扑朔迷离。

夏洛蒂·勃朗特似乎从未给过自己的前辈奥斯汀多高的赞誉，甚至在与友人的书信中毫不讳言对她的批评。夏洛蒂在1848年写给刘易斯的信中这样评价奥斯汀。

我本来没有读过《傲慢与偏见》，看到你那句话，我把这书找来读了。可我看到了什么呀？一张平凡的面孔的一副维妙维肖的银版照相！一座用围墙严加防护的、精心侍弄的花园，整齐的花坛镶边，娇嫩的花朵；可是一点也看不到五光十色的外景，没有开阔的田野，没有新鲜的空气，没有青山，没有绿水。她的那些绅士淑女们住在雅致的但是密闭的房子里，我才不愿意跟他们住在一起哩。我这番话也许要惹你恼怒了吧，不过我甘愿冒此风险。

伍尔夫则完全采取了一种截然相反的态度，力挺奥斯汀，对勃朗特不无贬抑。

……我们不难发现简·爱的缺点：总是做家庭教师，总是坠入情网——这对世界上许多既不做家庭教师、也没有坠入情网的人来说，毕竟是一大局限。相比之下，简·奥斯汀或者托尔斯泰笔下的主人公就要复杂得多，有无数的侧面。他们是活生生的，对不同的人会有不同的反映，而许多不同的人像一面面镜子，从不同的角度映照出他们的性格……

事实证明，奥斯汀在 21 世纪已经成为了一个庞大的文化产业的代名词，奥斯汀的卓越影响力可见一斑，不论是从所谓的文学创造才华认可的层面，还是从个人的人格魅力的意义上来看。至于奥斯汀的创作成绩是否堪比莎士比亚，这挠头的问题就交给那些文学理论家们去评判吧。

# 成名：洛阳纸贵的女性写手

功夫不负有心人，奥斯汀终于迎来了自己的第一部作品出版的时刻。

1811年，《埃莉诺与玛丽安》（《理智与情感》）被卖给在军事图书馆任职的托马斯·埃杰顿先生，而且事情进展得颇为顺利，埃杰顿甚至表示要自费出版这本书。这叫奥斯汀很感激，但是她还是表示如果出版此书之后有任何损失，她都会补偿给埃杰顿。

当奥斯汀在一个阳光明媚的四月收到《理智与情感》的校样的时候，内心定是激情澎湃的。像是一个母亲在怀胎十月后终于要迎来分娩的那天，她异常兴奋。所以当卡桑德拉问及妹妹有无时间的时候，正忙于创作《曼斯菲尔德庄园》的奥斯汀表示自信满满，不管多忙，她都不会忘记自己的这本意义重大的书，就像一个母亲不会忘记自己的孩子一样。

女主角埃莉诺和玛丽安分别的情感遭际，更像是奥斯汀对自身的情感生活思考之后的结晶，尤其是对于理智和情感的深刻思考。她钦佩的女性自然是理智的埃莉诺，实际上埃莉诺的理智是建立在很好地权衡理智和情感的关系上的，这样的完美女性自然会在小说的最后收获理想的爱情。

可能是图书得以出版夙愿的实现，奥斯汀在这段时期对生活也表示出比以往更大的热情，侄女卡洛琳曾在一封书信中详细介绍了奥斯汀对待生活的态度。

比方说简对邻居都表示出极大的关心，如果有任何需要帮忙的地方她总是随时愿意效劳。而且对生活也显示出一种极大的兴趣，她的能言善辩也给家人和邻里带来极大的乐趣。这些一个机灵巧智的姑娘，自然能给人很大的精神愉悦。

人分很多种类型，有些人如一缕和煦的春风，总能给别人带来轻松愉悦的感觉；而有些人可能天生没有幽默的才能，其他方面也是乏善可陈，自然也不会让人觉得多么依依不舍。

奥斯汀在给姐姐卡桑德拉的书信中塑造出的自我形象稍微有些刻薄，其实她从未有恶意的嘲讽，最多不过是善意的自嘲或者调侃而已，她喜欢和女人们坐在一起拉家常，可能一说就是一个下午。和某个女人的聊天的谈话，就可能成为她下一篇小说的灵感之源。奥斯汀小说中的很多场景和人物，都是对自己生活的熟悉人事的借鉴，并受启发写到了自己的小说创作中。

《理智与情感》一书终于千呼万唤始出来，在1811年11月15日出版。该书一经出版，就好评如潮，这对初出茅庐的奥斯汀来说必然是极大的精神鼓舞。

有了第一本著作的出版，奥斯汀也渐渐学会和出版商打交道，接下来《傲慢与偏见》的出版自然是轻车熟路，出版商埃杰顿先生因为上一本书的好评继续与奥斯汀合作，帮她在 1813 年 1 月出版了三卷本的《傲慢与偏见》，首次就发行了大概 1500 本。

就在出版当天，奥斯汀难以克制内心的亢奋，向姐姐卡桑德拉表达了由衷的快乐。

我想告诉你，在伦敦我有了自己亲生的宝贝……邻居班小姐就在出书的那晚跟我们吃饭，我们把书摆好，念了第一册的前半段给她听，亨利灵巧流畅地念着，而我们也期待听他念出来的每个句子；书中的内容带给班小姐料想不到的愉悦……

奥斯汀的作品赢得了很大的追捧，而赫赫有名的英国大诗人拜伦的妻子，就是《傲慢与偏见》的忠实读者，更沉浸在对奥斯汀所虚构的男主人公达西的爱慕中。

在短短半年后，《傲慢与偏见》售罄，这想必带给了奥斯汀更大的愉悦！在如风卷残云般销售一空后，当年 11 月出版商就趁热打铁，将《傲慢与偏见》与之前的《理智与情感》再版，奥斯汀得到了世俗世界更多的认可。

奥斯汀第三部影响深远的作品，甚至后人一致认为该作品是其最为成熟的，即《曼斯菲尔德庄园》，在 1814 年 5 月继续由埃杰顿出版。同样在半年的时间内全部售完。

到了《爱玛》创作完成之际，奥斯汀萌生了更换出版商的念头，因为埃杰顿无法让渡给奥斯汀更多的作者权益，于是她找到了出版商默里先生。却不想天下乌鸦一般黑，这个新出版商默里并没有好到哪里去，希望以很低价格买到奥斯汀三本书的版权，最后在双方的斡旋和妥协下，默里出版了《爱玛》和再版的《傲慢与偏见》。

就在奥斯汀的作品在英国国内风靡一时的时候，她的作品被翻译成外文介绍到国外，在法国、美国等都相继出版。

奥斯汀此刻在事业中收获了巨大的成功，尽管她的写作并没有为她带来多大的经济收益，作为一个并不算知名的女性作家，奥斯汀的稿费并没有很多，而且她出版的作品数量不多，每次的发行量也被严格控制。

相较现在奥斯汀作品的家喻户晓和全球影响，那时候的奥斯汀享受的待遇尽管已经让她天旋地转，却远远无法与她的才华匹配。而在2011年7月14日的伦敦，奥斯汀的一份手稿《沃森一家》的拍卖就能引来多方关注，其价值在20万~30万英镑左右。现在如果你拥有一封奥斯汀的亲笔信，必然能拍卖到上千英镑的价格，奥斯汀亲笔的一片薄薄的纸片对后人来说甚至高于当年一本书所带给她的全部收益。这种天壤之别，让当年因出版一本书获得几百英镑而狂喜不已的奥斯汀情何以堪。

不过好在当时英国掌权的摄政王对奥斯汀赞赏有加，甚至在自己的每一个住处都珍藏有奥斯汀的小说，这种欣赏已经不仅仅是一个政治家出于装点门面的需要，可见奥斯汀的小说具有强大的摄人心魄的魅力。不慕名利的奥斯汀自然不会因为这赞赏沾沾自喜，但好在得到一个当权者的认可比起不耐烦要好得多。

而《爱玛》的出版能够顺利为自己争取到更多权利的奥斯汀，也多亏了摄政王对奥斯汀作品的喜爱。《爱玛》出版前夕，奥斯汀经亨利的外科医生哈顿引荐得以被摄政王的内侍牧师邀请见面，并建议奥斯汀将新作《爱玛》献给摄政王。奥斯汀就在《爱玛》的前言写了那篇有些违心的给摄政王的献词。取悦权贵倒也说不上，但毕竟对方是一国之主，而且真心激赏奥斯汀，她不过也是投之以桃的感恩之举，况且这样对奥斯汀新书的出版有益无害。

奥斯汀笔下的英伦风尚作为前维多利亚时代的典型书写范本，自然不必担心长久没埋没的命运。奥斯汀的《爱玛》出版之后果然大获成功，献词不过是一个小小的助推器，《爱玛》确实是奥斯汀诸多作品中最受欢迎、口碑最佳的一部。

## 淑女：摄政式风格的女性投影

一部还原1910年代的英伦剧集《唐顿庄园》席卷全球，力挫大行其道的美剧，而自2010年度第一季播出后连续几年吸引着世界的英伦迷们。而剧中演员们华美的英伦服饰，精致的原汁原味的英国贵族生活，更是俘获了很多时尚男女的心。

英伦风情的持久吸引力便在于此。剧中贵族小姐们让人眼花缭乱的穿着，复古的，摩登的，端庄的，典雅的……是英伦女性群像在世人面前的完美呈现。

如果你翻开一本时尚杂志，可能会对当下大众所追求的慢生活心驰神往，也会对那些骑行或者搭车、步行旅行的驴友表示羡慕，而想想囊中羞涩的自己和每天忙碌不息的工作日，也只有望洋兴叹了。

而再看看杂志上花样翻新的流行品牌服饰，也大都主打一种生态理念，棉亚麻布料几乎已经垄断了彰显独立个性的时尚品牌，健康和环保已经成为了人们所生活的每个角落四处可见的字眼。

如果你是时尚达人和地球村的合法公民，如果不能紧紧跟随这些潮流，那势必是个不合格的落伍的人。

而想想现代人这些最新潮的生活方式，却是奥斯汀的时代司空见惯的生活，而且根本不需要投入太多的成本，那些整日无聊的家庭主妇和女孩，每天的生活都是围绕着旅行和服饰、交际，根本不去担心现代人所谓的生存压力。

温暖的下午茶时光，享受一杯暖心的英伦红茶，铺满碎花方巾的餐桌上静静绽放着一朵洁白的百合花，再加上一小碟子精心烘培的英式甜点，舒缓的爵士音乐悠扬地传入人的耳朵，舒适的午后阳光如碎片般撒入有着高大落地窗的客厅。这种慵懒的、舒服的、和谐的氛围里，谁不会感叹生活的美好呢？

不管是《唐顿庄园》引发的收视狂潮下人们对英伦风尚的追捧，还是当下人们对精致慢生活的享受，都跟英国这一个奇妙的国度脱不了联系。而奥斯汀时代的英伦女性，更是英伦风貌当之无愧的代言人。

而奥斯汀小说中的人物，自然是她那个时代女性的典型，她们是摄政王时期的英伦淑女，具有独树一帜的感觉，真实反映了当时的时代特征和民风民俗。

尽管这个时代的女性每天谈论的话题无非是些休闲娱乐的话题，会涉及到社交礼仪，更多是爱情和婚姻相关的。这让人觉得似乎她们活在一种丧失自我的快乐中，似乎如《玩偶之家》之中的娜拉，只是没有察觉到自己的生活形态的静止和单调。

但她们确实是有着让后人吃惊的对生活的独立认识和想法。这种认识和想法是属于前维多利亚时代的，是摄政王式的，因为此时的英国处于摄政王时期，主流意识对优雅典雅依旧占据影响力，同时这种优雅典雅与对简约的推崇并举，有些清新的复古之风在特别流行。

女人们总在一段又一段的爱情中游走，在各种郊游和聚会中享受美好时光，她们是最端庄的英伦淑女，甚至有些刻板的不近人情，同时也有着英式独特的优雅和知性，民主的想法似乎已经悄然进入心中，但不会忽视传统，传统似乎已经成为了英伦人民的标签。

洛可可式的繁复的风格早已经被她们所抛弃，一种对简约的崇尚占据了当时时尚舞台的中心，一种有些奇特的亚当风格深得大众的喜爱。或许是因为摄政王本人就对异域的艺术情有独钟吧啊，他钟爱印度风格的艺术，甚至自己行宫的设计都有些类似印度的泰姬陵。

此时的英国是前工业社会在人们心中的最后倒影，女人们还在无忧无虑的乡村生活享受清新的空气和浪漫的爱情。

奥斯汀的女人们自然不会错过这样的美好生活。没有工业革命的巨轮浩浩荡荡地搅扰到乡村的寂静，那些没有人身自由的英国童工还未大批量出现，基本的生存问题的解决似乎从不是问题，不管你身处什么阶级。社会矛盾似乎也远没有那么复杂，所接触的人群不过是乡郡的几户人家，人们的关系单纯而又明白。

前文明时代的乌托邦，淑女们只要能够家教良好和积极融入社交，似乎从不发愁能有一段不错的姻缘。问题的关键从来不是结婚还是不结，还是嫁给谁的问题。即使女人们的母亲已经急得焦头烂额，她们也会放慢恋爱的步伐，好好选择一名心意相投的爱人，永沐爱河，全然不顾及身旁母亲大人的焦虑。

奥斯汀笔下的英伦淑女是含蓄优雅的。她们从不会歇斯底里地抱怨命运的不公，花容失色，也不会在因为男人的垂青而忘乎所以。优雅而从容的姿态从来不是她们所缺乏的，即便是女性也会为这样的优雅女人所倾倒。

奥斯汀的最受欢迎女主角伊丽莎白就不会因为一个有钱绅士的求婚而感到受宠若惊，她有自己的思考，在她认为达西是个傲慢不可一世的男人的时候，她肯定是不会嫁给他的。埃莉诺也能独自吞咽心中所爱另有所属的事实，并竭力帮助爱德华和露西的爱情，这样的心胸和气度即使放到当下也没有几个女人能够做到。

奥斯汀有着自己对女性社会地位和美好女性典型的思考。她并不是一个要教读者沉浸于庸俗的三流言情故事的女作家，而是要在作品中告诉广大女性如何面对爱情和婚姻，如何妥善处理二者的关系。并将这些女性的生活安放到当时红极一时的巴斯小城，巴斯的古典建筑和英式风情，至今依然吸引着全球的游客纷至沓来。

也许有人会嘲笑奥斯汀连自己都是单身，没能把自己嫁出去，又有什么资格告诉别的女人如何做好一个淑女，如何经营爱情和婚姻呢？

奥斯汀确实没有能够将自己嫁出去，而是在作品中创作了一次次的美满姻缘。她更像是一个先知，从自己的经历中汲取了经验和教训，即使冒着失去婚姻机会的可能，她依然坚持原则，承受没有婚姻的生活带来的寂寥。但凭着这份强大和对爱情的坚守，她就有足够的资格，她就是摄政式的淑女，何必在意结果呢？

　　世俗生活当然不会对结果毫不看重，奥斯汀不过是时运不济，才会在主动和被动的放弃中孤独一人，但这不代表没有得到实际的馈赠，奥斯汀的坚持就没有意义。

　　她和她的女主角们，不是脑袋发热只在意嫁出去结果的传统女性，而是有自己择偶的条件和判断力，知道什么是自己想要的，什么不是。一个女人的成熟更重要的标志或许就是懂得拒绝，拒绝那些从不曾喜欢的生活。

　　女人的魅力从来不单单只关乎美貌。太多的美女不是红颜祸水，就是无勇无谋的绣花枕头，智慧才是女人的独特魅力所在。有智慧的女人是男人最好的学校，而肤浅的女人只会将男人带上不可知的歧途，或许永远找不回迷失的自我和回家的归途。

　　奥斯汀的女主角们都是出身还算体面的人家的淑女，只是在物质上没有丰厚的保障，不能给男方带来丰厚的陪嫁。恰如奥斯汀自己一样。不管是当下还是过去，婚姻都需要一定的物质基础。但这丝毫不妨碍这些可爱的淑女们表现自己性格的光芒，让男人们对她们青睐有加。她们是真正的英伦淑女，是一个时代的女性的典型。

　　舒服透气的亚麻质地长裙，高高的发髻，简约的配饰，清新的妆容，出现在夏日午后的花园、悠闲漫步的田野、慵懒轻松的社交聚会……这些英伦女性的一个回眸,笑容投射到当今社会的各大时尚追逐的中心,成为一个永恒的微笑。而这一微笑的记录者——奥斯汀,永远活在读者的心中。

# CHAPTER

## 成长 04
### 平淡优雅的成长一如蔷薇

"平平淡淡才是真",这几乎成为了一句古训,即使是前卫的当代人在经历压力空前的信息时代的各种角逐也依然对此奉如圭臬。奥斯汀的生活自然能用平淡来概括,但这份平淡却是一种波澜壮阔之后的宁静,是在声嘶力竭呐喊之后的沉淀,是在成长过程中摸爬滚打苦痛中的小小幸福的累积。

# 忧喜：时空交错的忧喜交加

在东方哲学中"平淡"几乎是一个常被冠以各色花样的冠冕堂皇的词，给了一种完全不同于这个词本义的热闹非凡的感觉。而细细品味，在寂寞的午后，慵懒地在阳光下眯缝着双眼，会从面前的一朵花开，一个刹那，甚至一片树叶的下落中暗暗自喜，这时候"平淡"悄然而至，没有任何预告的，没有微言大义，不过是一个瞬间的感触，却能让人兀自发出会心的笑容。

如果能有三五好友陪伴在侧，不说话，也不嬉闹，只静静坐着，品味一首好诗，或者看庭前云卷云舒，回味当年各自的成长道路。这种群体仪式般的平静竟也算是一种极好的平淡状态。

平淡真的是一个生命力旺盛、意义价值无限延展的词，似一条翠绿的藤蔓，只需要攀着一点点阳光雨露的滋养，便能够枝繁叶茂下去，甚至生长出一份浓重的春意来。

童年的奥斯汀给人的感觉便是如此。有亲戚好友评价她是个怪孩子，完全不像是一个十几岁的小孩，倒像是个神态举止从容的大人，眼神中的坚定和早熟让人感到些许望而生畏的寒意。如果有面相学一说的话，奥斯汀定是文曲星下凡的长相，天庭饱满地阁方圆，云云。

一般的少年给人的感觉是一种时刻不安分的跃跃欲试和躁动，奥斯汀的眉宇之间似乎总有着异于同龄人的早熟，眼神中偶有犀利的目光，如若不小心与这样偶然出现的目光相遇，会让人有种害怕的感觉，竟不敢面对这样有些刺骨寒意的目光。

时光机真是一项伟大的发明，尽管它只是在人们虚构的乌托邦中存在，在各种网络小说和影视剧中大行其道。不管是回到过去还是穿梭到未来，都不在话下，而无奈地返回现在时代的结局，却总是让虚幻故事中的主人公黯然神伤。所以，人们在自我预设的科幻世界和冥想乐园中也在最后的时刻保持了一种清醒的姿态：人终归要面对现实。

每个人的成长道路都会因各方面的原因而迥然有别。如果奥斯汀能够不去遭际过往的种种，定能有一种不同以往的人生路数。或许能够自此花前月下，此生与爱人携手到白首，寂寞的时候从来不必担心没有那个永远竖起耳朵聆听的忠实听众，即使乱发脾气，刻薄粗俗，肮脏邋遢的落魄模样，对方依然能够欣然接受，听之任之，因为爱情，所有的一切就都变得光芒万丈，化腐朽为神奇。

奥斯汀肯定想过，如果在沉醉爱河的这一时刻能够成为永恒，即使化为没有生命的望夫石，此生也没有遗憾了吧。只可惜线性时间的一维性从不满足人类的幼稚幻想，人类一思考，上帝就开始哑然失笑。

而伤痕留下的烙印，却总是若有似无地提醒自己：苦痛的过去即使已经过去，却已经全然改变了世界，我已经不再是那个我了。

姐姐卡桑德拉会了解的，因为她也是一个有故事的人，在年轻的时候遭遇过生离死别的人，总是有她们自我疗救的方式。

奥斯汀与姐姐少年时期嬉戏于庭的时候，肯定也会因为调皮而受过些皮肉伤，甚至留下过一个不深不浅的伤痕。或者骑行过哥哥法兰西斯的那匹名为"松鼠"的栗色的小马，不小心从马背上滚落下来，受过些不算严重的皮外伤。

这些伤痕总是容易被淡忘，即使有时候身上会留有一个浅浅的疤痕，也总是无关痛痒的；而心口的痛却有种牵扯全身关节和心肺的力量，却不知道哪里疼，说不上是什么让自己这么痛，这种隐隐的、间歇发作的痛，甚至已经不知晓疤痕的位置。

而童年后成长的无忧无虑便是伤痕不足以构成痛苦的基质，而私奔后的痛楚却总是拉扯着左心房……

何以解忧？

《本草纲目》中记载："谖，忘也。""忧思不能自遣，故树此草玩味，以忘忧也，吴人谓之疗愁。"

这种名为萱草的植物，即忘忧草，果真有忘忧的神奇功效？不过是古人借助谖草的字面意思敷衍出来的美好愿想罢了。忧愁难忘而辗转反侧，又无法登高一呼改变现实，更不得伸手揽得天上的明月，能做的便是痴望着镜中花、水中月，聊胜于无。

贾宝玉口中水做的骨肉的女子却不比浊物须眉的男子来得坚不可摧。奥斯汀的强大从来不在于她能不动声色地体验世情，包括对自我灵魂深处悸动的了然，而在于她有一颗倔强的心。

在成长之路的一番顺利与情路上接二连三的打击下，她从不妄自菲薄，自悲自叹卿卿如此薄命，红颜总是难逃早逝的命运，而是勇敢面对，无论何种成长，都是自己的，都是出于忠诚自我的选择，即使悲喜交加，也是自己的，也该是要敝帚自珍的。

怒沉百宝箱的杜十娘，即使是鱼死网破，赔了夫人又折兵，对于所托非人的困境也甘于自斟毒酒，承担恶果。这种誓死的决心是一种激越的平淡。

尤三姐被钟意的柳湘莲误会为不清白的女子，拔剑自刎，以死捍卫神圣的爱情，这份泼辣和气魄怎能是一般的女子能够做到的，这其中的倔强连鬼神都要妒忌三分的吧！

虞姬在垓下之围中，一曲《和垓下歌》："汉兵已略地，四面楚歌声。君王意气尽，贱妾何聊生！"唱罢，美人与英雄诀别，挥剑自刎，只为成全英雄的霸业，不作英雄的负担和包袱。儿女情与英雄气并存，想一介女流手无缚鸡之力的虞姬，能有此胆识，是巾帼不让须眉的女子。倔强如此的女子，才会获得盖世英雄项羽的倾心。

倔强女子的美丽是一瓶经年酿就的醇香米酒，乍一喝下去不过是甘甜中带有些许的辛辣感，但几杯酒下肚，咽喉便感到一种延迟的刺痛感，身体里也是有一团火在燃烧，思想却又是清醒的，距离醉酒还远着呢。倔强的女子难免自苦，因为她们总愿意去承担那过分沉重的负担，总是在爱情中表现出如男子的坚强。

奥斯汀的忧喜交加是两个时空中自我的捉迷藏，一个时空中是不谙世事的早熟女孩，另一个时空中是遍体鳞伤的错过丘比特的悲戚女子。午夜梦回的时刻，奇奇怪怪的缠绕过去的梦境总是交错出现。

她没有激烈的抗击方式，而几乎悖论式地以一种刻薄的方式表现出自我的坚强，她会拿别人开些玩笑，无碍道德。

"谢伯恩的豪尔夫人昨天生了个孩子，比预产期早了几个星期，可孩子一落地就死了，原因是受了惊吓。我猜她可能是在不经意间看了一眼自己的丈夫，受到了惊吓。"

这些写给姐姐卡桑德拉信件中抽取的只言片语，给我们呈现的是一个不那么端庄可爱的奥斯汀形象。

奥斯汀或许是这世界上最为坦率直言的女子了。这样的女子是带刺的玫瑰，表面娇羞，可以赏玩，却必然不能成为寻常男子的把玩之物，而只能作为一株可以远观的莲花。她的刺从不是用来攻击别人，而不过是一个自我保护的利器，一旦有人想要施舍所谓的同情和怜悯，她肯定会毫不犹豫地将脆弱的自我包裹到这绿叶的针刺之下，只叫人以为她是个强大的人，或者刻薄的人。却不知道，不过是个真实的人太过倔强的一种自然流露罢了，这种流露是尖刻、调侃，以此来解脱那深深的哀伤，那欣欣向荣的成长和百折不回的爱情。

## 以生命为墨的创作
## 童年的游戏之作与文坛…

王国维在《人间词话》中提出了人生的三种境界。

第一境界："昨夜西风凋碧树，独上高楼，望断天涯路。"

第二境界："衣带渐宽终不悔，为伊消得人憔悴。"

第三境界："众里寻他千百度，蓦然回首，那人却在灯火阑珊处。"

前此执着的各种探索与渴求，或是为了成功而坚韧不拔，或是单纯只是出于自我愉悦的发愤，都不能轻而易举得到思慕已久的"伊人"，却在一个料想不到的平凡时刻，悄然遭际，醍醐灌顶。

奥斯汀是超凡脱俗的文艺女青年，自然不会循规蹈矩地在成功学上斩获良多，她如果有幸在世的话，肯定难以想到自己会有如此显赫的地位。更无法料想到现代的产业分工已经成功将"奥斯汀"打造成为了一个全球的文化品牌。

当年"邻家有女初长成"的奥斯汀，心中对世界和人生充满诸多浪漫遐想而诉之笔端，再后来进入轰轰烈烈的恋爱而后急转入平淡人生，这也给奥斯汀的创作带来了极大的精神滋养。

一个苍白的灵魂怎么能够写出动人的文字来，而且这份感动能够穿越时空，在当下依然令人动容呢。答案显然是否定的，奥斯汀的破茧成蝶的成长之痛，是她绽放美丽的必经之路，这份美丽尽管难免沉重，却因了这份艰难而弥足珍贵。

爱与恨是生活的两极，快乐与痛苦同样如此依附而生。没有痛苦，快乐又如何称其为快乐呢？不过是苍白无力的一个肤浅的笑容，平淡生活中无关痛痒的一句玩笑，这带来的快乐显然也是同样匆匆而逝的，难以化为长久的幸福感。

奥斯汀的创作可分为两个时期，这种分期绝不是参照任何专业的文学史料的划分，而是女作家在无忧无虑和忧思难忘的两段平行的生活中分别写下的文学之思。

文学史书写中对作家的分期有时候是为了方便读者更了解作家的创作流变，事实上，任何所谓的分期都是一种人为的割裂，奥斯汀的情感生活从来是五味杂陈的，没有泾渭分明的绝对快乐和痛苦时期。

少不更事的游戏之作更多的是一种额外的精力宣泄，是一个对世界充满诸多好奇的少女对自我和世界进行的无限探索。

少年时代的写作所涉的体裁极为广泛，包括讽刺短剧、滑稽小品、喜剧片段、书信体小说以及轻松诗歌等等。内容多是玩世不恭的口吻调侃当时的社会陋习，或者对刻板的文学传统予以嘲弄。

奥斯汀在十二岁那年，已经开始用稚嫩的双眼观察世界，自说自话地在自己的小说王国中开疆辟土。戏谑小说《爱情与友情》是她少年时代的游戏之作，采用她擅长的书信体，她写作的幽默天分在小说中分毫毕现。对于当时充斥着文坛的感伤小说，她借用了这类爱情小说的惯用套路，以此解构这种伤感小说。这种调笑而轻松的调调是少女时代奥斯汀人格在小说中的生动投影。

这种写作的才华在奥斯汀的家庭成员中并不新鲜，家庭里的每个人都有些艺术的才华，几乎没有人想过家里会出一个举世闻名的小说家，并在后世发挥日益重要的影响力。

也许正是这种非功利的态度更激活了奥斯汀自由的艺术观。

她不跟风，甚至对当时文坛风行的无病呻吟的感伤小说和惊悚恐怖的哥特小说嗤之以鼻。但在她将自己的眼光投注到乡绅男女的日常生活时，文坛风行小说并未被她通通排斥在门外，而是批判地吸收了些有益处的成分。比如奥斯汀在自己的小说《诺觉寺修道院》就借鉴了当时的一本情节夸张奇特的哥特式小说。

就如当年曹雪芹在《红楼梦》中大谈才子佳人小说的种种流弊，而不可否认的是《红楼梦》在一定意义上借鉴了才子佳人小说的模式，只是在解构的意义上来谈的。《堂吉诃德》可以称得上是一部反骑士的骑士小说，在小说中总有诙谐幽默的语言打趣骑士小说的流弊和对骑士理想主义的解构，但

《堂吉诃德》又显然是一部骑士小说：一个自诩骑士的疯癫的堂吉诃德，谱写了一曲劫富济贫、维护正义、争取荣誉的理想主义之歌。

奥斯汀小说中塑造的人物多是借用自己生活中亲历的事件，甚至有时候直接把熟悉的人物放到小说中去，不过更名换姓而已。比如《苏珊小姐》中的母亲形象，冷酷又虚荣，还常常虐待自己的女儿，这就是以奥斯汀认识的朋友的母亲为原型的。

这似乎是作家们惯用的狡黠伎俩，莫言在雅典文学院发表的获奖致辞中就声称自己是讲故事的人，而且所讲的故事在现实中都是有据可凭的，尤其是其中让读者过目难忘的人物形象，多是自己在生活中熟悉的人。

不可讳言，这样的处理方式，是肉体凡胎的作家难以避免的，奥斯汀的写作自然与她的爱情和未婚经历有剪不断、理还乱的关系。

奥斯汀无论是对待文学创造还是爱情或者生活，都有种执着的态度，这种执着不是为着某个所谓的目标而奋斗的功利主义，而是醉心其中的身心愉悦的互动，是一个女人活得充盈幸福的体现。

奥斯汀后来的创作已经不再是对人生的遐想了，而是在实实在在地经历过一些人世的蹉跎后的下笔如有神，爱玛或许就是她对自己单身生活的完美想象吧，即使决计单身的女郎，也会在不经意间碰触完美爱情，而且享有老父亲的慈祥关爱，多美好的人生。

而实际上奥斯汀的生活要苍白得多，奥斯汀姐妹在经历过几段爱情之后，几乎是无人问津了吧。试想下，古今中外，老夫少妻从来都不是什么新鲜事，苏轼就曾调侃自己的好友张先在80岁高龄娶了一位18岁的美娇妻，并戏称为"一树梨花压海棠"。而少夫老妻在传统社会几乎鲜有发生，男人们似乎总有资本选择年轻漂亮的女子，而年老的女子却没有什么随意选择男人的权利，男人们也不会赋予年老色衰的女人这样的权利。

世人总是困惑于爱情和婚姻的选择，柏拉图给了我们很好的启示。有个故事是这样说的。

柏拉图有天问他的老师关于什么是爱情的问题。老师带他到一片稻田前面说："你一直向前走，不能折回头，摘一棵最大最黄的稻穗回来。"柏拉图走了不久就回来了，两手空空。老师问原因，他说："一路上有很多又大又黄的但又怕前面有更好的，走到前面才知道好的已经错过了。"老师说："这就是爱情。"后来柏拉图又问老师关于什么是婚姻的问题。老师把他带到一片树林前面说："你一直向前走，不能折回头，砍一棵最大最粗的树回来。"柏拉图走了不久又回来了，手里拿着一棵很平凡的树，老师问："你的树很平凡，为什么？"柏拉图说："一路上我是错过了很多很好的树，这一棵是平凡了一点，我怕前面的更差。"老师说："这就是婚姻。"

奥斯汀的情感生活正应了故事中一无所获的柏拉图形象，柏拉图可以拿回一棵平凡的树，而奥斯汀却连这样的机会也放弃了。

奥斯汀曾经向旁人倾诉她的择偶条件："勤奋的牧师，勇敢的海员，或有责任心的庄园主是她理想的意中人。"据奥斯汀的研究专家迈尔考证，奥斯汀确实是拥有不少的追随者，各行各业的，甚至也不乏有钱的绅士，可惜的是这些追求者总无法博得佳人一笑，奥斯汀无法倾心相许，也没有什么经济上的保证。

"剩女"奥斯汀在文学世界中众里寻他，过尽千帆皆不是，而后能超迈于芸芸众生，只以文学为自己的此生挚爱了。就如同梅妻鹤子的宋代隐士林逋，在怡然自得的隐居生活中也好不快活。

有人可能视文学为小道，认为舞文弄墨不过是些寻常本领，并非难于上青天的蜀道。而事实上，真正用心写作的人是在一寸一寸透支着生命的能量。如若不然，巴尔扎克怎么会活在常年累月的奋笔疾书中，并死于赋予这疯狂写作能量的50万杯咖啡的手中。只为把心中所想、所感诉诸笔端，寻求精神共鸣的知音。即便知音难觅，也定能与孤独为伴，与文学为友，潇洒闲适地度过这一生。不求名垂青史，更不求财富权力，所要的不过是在灯火阑珊处寻得一点星光慰藉的光芒。

## 两寸象牙：
## 方寸世界中的彼岸天堂

文学中宏大叙事和日常叙事之间的差别或许就是交响乐和轻音乐的区别，前者深刻严肃，后者轻松愉悦。在哥特小说的恐怖黑色氛围下，奥斯汀的小说堪称小说中的轻音乐，如一缕清新的田园之风吹进了人们的心田，尤其是广大心思细腻的英伦女性的心被激荡了。

奥斯汀在1816年写给自己侄子爱德华的书信中提到"两寸象牙"，以此来形容自己的小说创作。

"你的那些强壮的极具有男子气概又生气勃勃充满才气和熠熠生辉的画像，我该如何处理？——我怎么可能将它们与我用纤细的笔所写的——在费尽心力后只产生一点点效果的两寸象牙上的作品相提并论？"

两寸象牙是什么呢？翻看些英国历史文献资料可知，两寸象牙是当时英国颇为流行的一种女士记事本。这种记事本不是纸质的，而是象牙制成的，一般十块左右象牙版形成一个本，有 5 英寸长、2 英寸宽，中间有一根轴将其固定，可以用铅笔或者墨水笔写作，并能反复使用。欧洲 17 世纪的造纸术尚不发达，在奥斯汀生活的十八九世纪，纸张也属于珍稀的物品。

奥斯汀就在这专用的两寸象牙上，书写了一个个单身男女的爱恋情事，细腻的笔法堪称绝妙。

她自己并非无意为之，而是有一种自觉的意识在进行这种文学创作，她曾写信给侄女安娜谈到自己的创作。

乡村庄园里的三四个家庭就是最适合的素材。虽然只是寥寥几个家庭，主要是贵族家庭，却都很有代表性。从他们身上，她简看到了形形色色的人。人类共有的特点，诸如虚荣、脆弱、愚蠢等也都在他们身上展现无遗。

风花雪月从来都不被视为能登得上大雅之堂的东西。任何一个有所作为的文学家，定是有着广阔的眼光和襟怀的，不会甘于在描绘男欢女爱中自成一家。而不论是中国还是西方，宏大的叙事，理性的传统都是正统的。宋词在中国传统文学中开疆辟土，起初不过是被视为诗之余的雕虫小技。设想下，那些留恋花间和脂粉气的哀叹男女私情的词，而且还能和歌而唱的人人均可赏之，怎么能入得了那些"穷则独善其身、达则兼济天下"的大丈夫的法眼。

而就是这样不被看好的写作，在奥斯汀短暂的一生中几乎成为了她的信仰，她的精神支柱。只要条件允许，她都会沉浸在自己的文学天地中，在一个人的寂寞时光中也是怡然自得的。直到她去世前不久，她依然用纤细的羽毛笔在自己的两寸象牙上辛勤耕耘，她在生命的最后一年才开始执笔写作的《桑迪顿》成为了未竟的杰作。

爱情是人类永恒的主题。奥斯汀小说的迷人之处或许就是对于人类这一本性的深切的关注和细腻的描摹。

那时候女性的地位显然不高，自由主义的畅快之风还只是和煦地缓缓吹入，很多人的价值观依然十分保守。女人在经济和社会上享有的权益和男性根本不可同日而语。

无怪乎天才女作家玛丽·安·伊万斯，也就是大名鼎鼎的乔治·艾略特，发表小说的时候要采用这样一个男性化十足的名字。而艾略特显然已经生活在早期的维多利亚时代了，却依然难以完全逃离社会陋习的局限。

奥斯汀是小说中的言情一派，却又不单单只是描摹男女间的情爱世界，她的伟大或许就在于在这管窥蠡测中能开掘中深刻的人文向度的内涵，在这方面，她与伟大的男性作家们可以相提并论。

举世闻名的诗人聂鲁达就以写爱情诗见长，一句"爱情是那么短暂，而遗忘却那么漫长"的诗句不知道俘获了多少爱恋中男女的心。炙热的爱情是聂鲁达想象的翅膀，使他得以在诗歌的天空中自由飞翔。

并不是在小说中写风云激荡的政治变革的《巴黎圣母院》，或者展现阶级交替和兴亡史的《人间喜剧》，或者对战争时代人性挣扎的深度刻画的《太阳照常升起》才有资格在文坛中占据金字塔顶尖的地位。描写男人女人爱情婚姻世界的两寸象牙的空间里，依然能够看到社会和人情的方方面面。

奥斯汀尽管写作空间狭小，作品涉及到的人物也不过三五户人家，却常常以繁华绮丽的辞藻来装点自己的小说世界，有独特的女性作家写作的味道，并具有很高的辨识度。

而这份华丽的辞藻与后期成熟作品中的深刻思想与细腻笔触结合的游刃有余，确实给人一种耳目一新的感觉。

这两寸象牙的空间狭窄，不过是一片轻薄的胡桃木板，一个三角木墩，上面是摊开的几寸见方的象牙板记事本，这或许是这世界上作家们用过的最小的桌子之一了。而这小小空间不过是奥斯汀父亲牧师公寓的阁楼上的一间小房间的一角。

等到奥斯汀举家迁徙到巴斯，那里的环境显然还不如斯蒂文顿的牧师公寓，她甚至失去了独立写作的工作室，写作已经成为了不可能的事情。

巴斯对奥斯汀而言，既是天堂又是地域。天堂在于能够在这寂静之处享受片刻的安宁，几段恋情的失败需要好好弥合伤口；而地狱之处在于无法安心写作，不能将生命中的可悲可叹可喜可痛的情感诉诸笔端的煎熬。

一介女流的奥斯汀在那个传统的时代里，能够有自己安身立命的生存方式，并从中收获人之所以为人的喜悦，在世俗社会的认可和自我的确认中欣然微笑，这不能不说是人生的一大幸事。

## 谦卑天真的中年写作
### 声响之门：

声响之门是奥斯汀写作中一件让人印象深刻的事情，这表现出投身创作的女作家的低调，更体现出在那段岁月中奥斯汀写作的艰辛。

奥斯汀一生之中有两次对她影响深刻的举家迁徙。

一次是从斯蒂文顿牧师公寓仓促搬迁到巴斯，这时乔治·奥斯汀正值退休之际，奥斯汀的哥哥詹姆斯计划要继承父亲的教职。奥斯汀似乎难以接受突然的离开，却还是和家人计划着搬迁到新家之后的计划。

而第二次搬迁是从巴斯搬迁到桥顿。这是在奥斯汀的父亲去世之后的一次大搬迁。奥斯汀随母亲和姐姐搬到了哥哥给他们安排的桥顿的这栋房产里，这第二次的搬迁显然带给她更大的愉悦。

甚至有人建议奥斯汀可以到桥顿教区牧师的单身俱乐部为自己寻获丈夫，奥斯汀聪敏地避重就轻地回答，此时，她的心里显然已经不去思考婚恋之事，只希望能安稳地进行文学创作。

在1809年之后，安心定居在桥顿的奥斯汀积极料理家务，将自己、母亲和姐姐三个女人的生活照料得精致舒服，并在闲暇之余积极进行创作。

英国的文化传统中，出国旅行和走亲访友几乎是日常生活中的一部分。不过半生孤独的奥斯汀似乎也在这不断地变迁和父亲的离世中倍感疲倦，能在桥顿享受独立的安稳生活，给她带来的快乐是溢于言表的。

奥斯汀在不到八年的时间里就创作完成了六部杰作：《理智和感伤》、《傲慢与偏见》、《曼斯菲尔德花园》、《爱玛》、《诺桑觉寺》和《劝导》。后两部小说还未来得及与读者见面，她就阖然长逝了。《诺桑觉寺》和《劝导》的出版是奥斯汀挚爱的哥哥亨利完成的，并公布了一直匿名的奥斯汀的作者身份。

奥斯汀居住在桥顿的房子让她心满意足，尽管坐落在主干道上的这间乡间别墅不免嘈杂，但对于这种适时的热闹和生气，奥斯汀和她的家人显然表现得很高兴。甚至每天早上奥斯汀老太太都要坐在餐厅的窗前欣赏窗外过往的行人和车辆，体会人生的欣欣向荣。

奥斯汀用一首小诗表达了自己对新家的满意。

卡桑德拉的笔会描绘出外面的家园
我们的桥顿新家将带给我们的种种安适
及我们心里已经感受到的一切

我们也深信，等一切就绪时

完全胜过其他所有的家园

  桥顿别墅的生活环境虽然算不上世外桃源，也的确是别有一番风情的。别墅前是宽敞的入口，可供两辆四轮马车平行穿过，客厅几乎占据了房子前半部的所有空间，置身其中有心胸开阔的感觉。遗憾的是客厅那超大的落地窗被封住，被改成了书柜，对房子的采光有些影响，但天性嗜书如命的奥斯汀并不是很介意，能够徜徉书海比起享受客厅的大片阳光，显然前者更为重要。

  奥斯汀和姐姐卡桑德拉共同拥有一间起居室，尽管这与斯蒂文顿的牧师公寓比起来条件要差很多，但毕竟有独立的空间能进行创作，而且更奇特的是这起居室拥有一扇有魔力的门，因为年久失修，所以只要有人进门就会发出吱呀的声响，这对于专注写作的奥斯汀来说是个很好的警示，以便快速收拾起自己的手稿，藏到书下面，或者塞到桌子里面。

  她在早期寻求《第一印象》（《傲慢与偏见》）出版未果的情况下似乎已经对文坛的艰辛了然于心，遭受的打击不足以让她放弃，却让她愈加谨慎，或许也会夹杂有少许的不自信。更何况创作本身就是一个不希望被打扰的事情。作为一个中产阶级的淑女，写小说、读小说也不是多高雅的行为。奥斯汀奋笔疾书时候的情感定是极为复杂的。

  她一方面要沉浸在自己虚构的小说世界中，另一方面又要防止过分沉浸的风险，她要时刻警惕着不速之客的打扰，这种半秘密状态下的写作对任何一个作家来说都会是一种煎熬。但写作就是作家的命啊！路遥在写作《平凡的世界》时几乎是与死神赛跑,因为《平凡的世界》第二部完成的时候,他已经完全倒下了,勉强才从死神那里夺回生命的他,又陷入了消耗他最后一丝生命的第三部的创作中。

作为一个不再年轻的女人,一个在爱情和婚姻上最终还是保持独身的女人,因为年轻时候的错过和对浪漫爱情的完美渴求,而宁滥勿缺的独身女人,青春不在却没有财产的窘况生活,一年只有几百磅父亲的遗产可供支配。她的写作尽管不是浪漫主义的幻想,却也在很大程度上满足了女人们对完美爱情的需要。她或许羞于让人知道,正是她这样年纪的女人,一个本应该理智的自持的年龄阶段,却写出了有些幼稚的乌托邦幻想。就像是一个中年女人不敢像少女追逐所谓的童话故事一样。但是人都是需要梦想的,她自然希望做一个造梦师,才会在小说中一意孤行地表达女人们的爱情完美主义宣言。

电影《被嫌弃的松子的一生》中的女主人公松子的命运比起奥斯汀更为曲折,但同样抱有对生活的热爱,用尽一生的力气用力投入去爱,即便是接二连三地遭遇不公的命运打击,甚至没有家人朋友陪伴,爱人一次次地离弃与背叛,依然坚守着爱的信念存活于世。

人说认真的女人最有魅力。即使是人到中年的容颜苍老,也有足够的资格去坚守内心的天真,甚至做出小女儿的扭捏姿态,那又如何!

在现在的博物馆里,依然展示着奥斯汀当年的手稿和各种信件,还有那个被用来创作的桌子。据说这个桌子外形很像一台缝纫机,与"声响之门"两相配合,为奥斯汀的半秘密写作带来极大便利。

桥顿的这处房产是奥斯汀家几个女人的栖身之所,每个人都被安排了一定的家庭工作，以保证小屋的环境与日常维护。奥斯汀在被许可的私人时间里，"她在很小的纸片上写作，很方便拿开，或者用吸墨纸盖住。"

奥斯汀也记录下了邻居们对其作品褒贬不一的评价：奥克利庄园的布莱姆顿太太认为《理智与情感》和《傲慢与偏见》"全是胡说八道"，而亲爱的第格韦德太太则认为，"要不是认识作者，她很难把《爱玛》读完。"

与奥斯汀通过声响之门偷偷写作的状态相得益彰的是，她在小说出版后对自己真实身份的隐瞒，尽管有各种各样猜测的谣言，但因为她从未正面承认，所以作者的真实身份也是众说纷纭。

《理智与情感》一书共分三册，作者署名为"某女士所著"。

卡桑德拉曾要求侄女范尼不要透露奥斯汀的身份。而另一位侄女安娜好像对奥斯汀是小说作者的身份浑然不知，甚至当着奥斯汀的面对已经出版的《理智与情感》品头论足。

奥斯汀在一封书信中透露了自己的作者身份被宣扬的始作俑者——哥哥亨利。

实际上，作者身份的秘密因广为流传而变得不再是秘密了。如果以讹传讹的谣言再三误导大众，我就必须说实话；与其不断地保守秘密，倒不如花力气写小说多赚些钱。如果我能写些智慧的书，那读者也该付些代价来获得……出于一个兄长的虚荣与爱，亨利所做的竟是立刻告诉她们此书的作者是谁！……

不过她并没责怪她最亲爱的哥哥，从小与亨利亲厚的奥斯汀几乎从来都没有责怪过自己的哥哥,他是除了卡桑德拉以外奥斯汀最依赖的人。更何况在1813年奥斯汀小说出版接连成功的这一年,却是哥哥亨利最为艰辛的一年。亨利的妻子在这一年因久病难以根治,最终在病痛的折磨中离开了人世,这对生性乐观的亨利来说是沉重的打击。

## 成长：心有千千结的羽化

幽怨的伤春惜情，长歌当哭的率直激越，奥斯汀的成长也是在丝丝寸寸对愁苦的剥离中实现的，墙角独自开放的暗夜蔷薇，哀伤而又坚强。

或许用蔷薇花来形容奥斯汀是最为合宜的。美丽的蔷薇花外表有倔强的刺，既保护自己，又容易刺伤别人。不是无情无意的花朵，倒是因为命运多舛而太过脆弱的女儿花，索性就倔强地收敛自己的美丽，而把刚硬的外表展露于人前。

蔷薇是一种广义上的称呼，玫瑰是典型的蔷薇科代表植物。玫瑰是爱情之花，是永沐爱河的恋人传情达意的含情脉脉的暗语，是表达炙热如火爱恋的跳动的心。

而蔷薇的花语便是最初的爱和最终的呼唤。

奥斯汀一生中不是只拥有勒弗伊这样一个恋人，但这份最初的分量却是其他的恋情无法比拟的。

人生总会有很多的第一次，第一次恋爱，第一次在树影婆娑的午后甜蜜相拥，第一次手牵手缓缓迈入黎明的光芒，第一次彻夜难眠地反复思量忧思难忘。

第一次的我们总是有太多的生涩和笨拙的木讷，小心翼翼地试探，不敢轻易碰触的谨慎和跃跃欲试的张力，太多的新鲜感觉和太少的轻车熟路的安稳，却还是难以抑制心中的渴求。

奥斯汀的花样年华，注定要如陈珊妮抒情而忧伤的嗓音所吟唱的一般，舍不得回避的花样爱情和青春。

期待一阵春风
你就刚刚好经过
突然眼神交错
目光炽热闪烁
狂乱越难掌握
我像是着了魔
你欣然承受
别奢望闪躲
怕是谁的背影叫人难受
让我狠狠想你
让我笑你无情

连一场欲望都舍不得回避

……

——陈姗妮《花样年华》

成长的真谛从来不在于我们在还未成熟的时候就提早学会了荣辱不惊，而在于经历的过程中的仓皇无措，而后能从容应对以后的每场不期而至的狂风暴雨。这成长是伴随着稚嫩的青涩和必经的挫折的。

不知道在深夜难眠的时刻，奥斯汀是否曾经扪心自问"这样的擦肩而过，不如不遇到的好"。

我想奥斯汀肯定有过这样的思考，这样对坎坷人生遭际愤愤不平的感触，为什么自己就不能像一个平凡的淑女一样，拥有一个爱人，永不分别。或者只是没有遇到过拨动心弦的人，一生在无欲无求中度过，不也是纤尘不染的安然？

看当今世界文坛上奥斯汀的瞩目位置，如果能够拿这个交换一个安稳和顺的人生，她会愿意吗？

每个写作者的内心都有一个无论如何逃避都无法绕开的心结，这个心结只要存在一天，就需要写作来暂时缓解束缚的内心，稍稍有所喘息的机会，不然的话就会无法呼吸直至窒息而亡。心结是狰狞的魔鬼，也是仁慈的天使。它在赐予奥斯汀无限痛苦的同时，也给予了她生生不息的创作灵感。

奥斯汀的心结是：爱情。

如果你单单认为奥斯汀只是个理想的爱情至上主义者，你可就大错特错了。奥斯汀对于婚姻的认识或许能解答她更为激进的情爱观。

纵观奥斯汀小说中的完美男士。不但长相英俊，举止优雅，学识渊博，一定还会拥有不菲的家财或者良好的出身。这样的完美男士是兼美貌、内涵和财富于一体的理想伴侣，如果只有爱情而一贫如洗，婚姻生活的结果不过是在贫穷中透支爱情。

也许有人会反诘奥斯汀的保守。21世纪的独立女性能够在职场上与男士拼杀角逐，独自撑起半边天，十八九世纪的英国，奥斯汀所在的中产阶级女性根本就没有被赋予外出工作的权利，注定是要待在家中的。没有经济来源，只有依靠男人，未出嫁的时候是依靠父亲和兄弟，出嫁后就要完全在经济上依赖丈夫。

所以奥斯汀干脆为她的女主角设想了一个完美的婚姻生活，丈夫不但各方面优秀，在经济上也足以让女主人公依靠。爱情永远是你侬我侬的羡煞旁人，贫穷永远只能在门外偷窥财富对爱情的守护。

所以说，奥斯汀是更为理想主义的。她预设了乌托邦的完美伴侣，爱情之树长青，多美好！而这乌托邦不是只有爱情没有生活的不现实，而是既要爱情、又要面包的两全其美。

奥斯汀尽管有这样的过于激进的理想主义设想，却在现实的摸爬滚打中屡屡受挫，她终归没有能够和完美的"达西先生"共结连理。英国奥斯汀研究专家维拉里·迈尔女士指出，奥斯汀所在的时代，女人如果想要拥有财富，无外乎两条出路：或者得到一笔遗产，或者嫁给有钱的丈夫。嫁给有钱的丈夫，显然只能在奥斯汀的小说中实现，而得到一笔遗产，是奥斯汀唯一能够指望的方式。

尽管奥斯汀家族也是个支脉很多的大家族，她也有不少远近亲戚，但直到奥斯汀去世，也从未有哪个亲戚突如其来的巨额遗产捐赠给她，恰如迈尔女士所言，"无论是简，还是卡桑德拉，都似乎没有在任何亲戚的记忆汇总留下什么印象。"

奥斯汀在小说和现实中实现了和财富的辩证法，她承认财富的不可或缺，在自己选择择偶对象时会有考虑，也鼓励自己的侄女范尼既要爱情也不能忽视对方的经济实力，但"君子爱财，取之有道"，在并不富足的生活中安之顺之。注定要贫穷的生活还是要去经营。

生活是什么样子从来不是我们能够翻云覆雨随意改变的，好在奥斯汀是一个精神富足有思想的女士，只是物质的贫穷不足以夺走她好好生活的斗志。她在小说创作中只收到微薄的版权费用，却足以让她开心良久。

财富有让人着迷的吸引力，纸醉金迷的放纵奢华从来都比轻装简行的田园生活更富诱惑，唯有经历过风雨涤荡的灵魂才能以四两拨千斤来抵制诱惑，拥有出淤泥而不染的高尚情致。

# 邂逅：擦肩而过的偶然之爱

我是天空里的一片云，

偶尔投影在你的波心——

你不必讶异，

更无须欢喜——

在转瞬间消灭了踪影。

你我相逢在黑夜的海上，

你有你的，我有我的，方向；

你记得也好，

最好你忘掉，

在这交会时互放的光亮！

——徐志摩《偶然》

奥斯汀一生之中有过两次刻骨铭心的爱，另外还有一次蜻蜓点水的喜欢，只是在不期然匆匆而至而后又随风而逝，稍稍搅扰了她那本来平静如水的心情，掀起些许的波澜，以证明她还有爱的能力，能够迎接下一场如暴风骤雨的爱情的来临。

是人生的插曲，也是爱情最不足为外人道的些微的战栗的情愫，如静电般轻微地一颤，随后，便从她生命一碧如洗的长空中消失殆尽，任你怎么呐喊寻觅，也无法觅得半点儿影子。

徐志摩和林徽因的旷世恋情一直以来是文坛的佳话，尽管二人只是年少轻狂的一段激情之爱，不久理性战胜情感的林徽因就选择了稳重的梁思成，而拒绝成为徐志摩家庭的破坏者，希望二人的这段偶然短暂的情感能成为一段珍藏的美好回忆。

奥斯汀和林徽因都在生命中遭遇了偶然。徐志摩是林徽因的偶然，一位不具名的年轻牧师是奥斯汀的偶然。才女林徽因没有在这偶然中过于沉湎，而是步入了生活的正轨，奥斯汀在这偶然中自是大喜过望的，偶然消逝之时她也是黯然神伤的，但她心中知晓：偶然交会的相逢之后定是各分东西的残酷，所以，许自己一片云淡风轻吧！

举家迁徙到巴斯之后，奥斯汀需要时间去适应新的生活，于是一次短途旅行是很好的放松心情的方式，她和母亲、姐姐三个人前往德文郡的席茅斯去旅行。这次的旅行没有什么特别的拜访亲友的意思，纯粹是为了欣赏田园美景，做些怡情养性的事情。

在这种轻松的情绪熏染下，奥斯汀一扫在巴斯生活的郁郁寡欢，像雀跃的小麻雀一路上叽叽喳喳地说个不停。

后人无从知晓，奥斯汀是在一个怎样的场合下结实了那位年轻的牧师，奥斯汀1801年前后两年的书信也没有被卡桑德拉保存，估计是全部都付之一炬了。所以能做的也只是想象二人的见面场景。

这位牧师是为了探亲，才来到风景秀丽的席茅斯，偶遇奥斯汀母女三人，正好结伴欣赏些沿途美景，慷慨热情的牧师先生恰好能担负导游和护花使者的双重使命。

出游即邂逅一位这样的男士，奥斯汀当时的心情可想而知，而这位先生举手投足间的修养也令奥斯汀很欣赏。出游果真是个容易遇见爱情的方式，无怪乎中国的旅游名城丽江总是打出"邂逅爱情"的旗帜，吸引了大批有着浪漫幻想的文艺青年。

这位牧师先生的姓名也无人知晓，奥斯汀的这段意外之爱的事实是从奥斯汀侄女安娜的女儿贝拉斯太太口中透露的，而这个消息透露的时候，奥斯汀已经过世多年。贝拉斯太太也是少年时代听母亲提起自己这位才华横溢的姑婆的轶事，并在偶然的机会在街上见到与当年那位牧师相像的年轻男子。

姑且把这位牧师先生称为Z先生吧，Z先生是个教养良好又不乏幽默感的有魅力的男人，不只是奥斯汀对他有油然而生的好感，甚至卡桑德拉也对这位Z先生赞不绝口。以至于有各种不可靠的信息声称卡桑德拉也暗恋上了这位优秀的牧师。

相信以奥斯汀姐妹的感情和二人良好的家庭修养，是不会真的因为一个男子而成为情敌的，更何况这种姐妹二人同时爱上Z先生的传闻完全是未经证实的无稽之谈。

奥斯汀又一次坠入爱河了。女人总是很容易陷入爱情，即使曾经在爱情中遍体鳞伤，也丝毫不会改变对美好爱情的向往。自从邂逅爱情的那刻起，似乎就已经注定这逃不过的劫数，即使是伤痕累累中偶有夹杂的甜蜜，也总好过没有激情的平淡枯槁生活。

有些人是天生为爱而生的，是为爱而战的不死女神，是一路披荆斩棘的爱的天使。奥斯汀显然是这样的人。很多女人也是这样的，总是学不会在受伤过后去理性地计算爱的得与失，而从来都是只要有爱，就倾其所有，爱得痛快淋漓。

尽管奥斯汀自己也在小说中告诉广大的女性朋友，婚姻中不能只有爱情，还要有面包，有很多实际的保证婚姻坚实的基础。但这一点在恋爱大过天的爱情体验中就显得不那么重要了。

正值奥斯汀和Z先生在爱河的甜蜜中耳鬓厮磨之际，奥斯汀和家人要离开席茅斯前往下一个出游的地点，而Z先生显然不希望与奥斯汀分离，于是二人约定，Z先生稍后加入到奥斯汀一家的旅行当中，由奥斯汀一家先行一步。奥斯汀的家人出于对Z先生的喜爱，也都应允了他希望加入的请求。

奥斯汀于是带着依依不舍的心情和情人挥手告别，只希望他能够尽快赶上奥斯汀一家的步伐，一起继续浪漫的出游。

不同于与勒弗伊那次恋情的不被祝福，这次奥斯汀的恋爱显然受到了家人的全力支持，大家都喜欢Z先生，另外奥斯汀确实也到了必须谈婚论嫁的年龄。与其到婚姻市场上成为明码标价的商品，还不如让奥斯汀自己觅得如意郎君。奥斯汀的父母显然也清楚，没人能配得上自己的女儿，他们有一个这么敏感而坚强、自尊又善良的才情很高的女儿。

不论是在电影《成为简·奥斯汀》还是在《傲慢与偏见》中，影片中都无一例外地出现了女主人公父母的一句话，"谁能配得上咱们的女儿！"无论是奥斯汀本人还是她所塑造的完美主人公伊丽莎白，都是父母眼中最棒的女子。无怪乎在《傲慢与偏见》出版之后，几乎所有人都一致认定伊丽莎白·班奈特是最为完美的女主人公。

于是，奥斯汀一家和Z先生在席茅斯告别，奥斯汀认为这不过是短暂的分离，两个感情甚笃的恋人稍后会在小别后陷入更深的热恋之中。却没有想到，二人的这次小别竟然成了永别。

世界上最遥远的距离是我就站在你面前，而你不知道我爱你。而比这更为悲惨的，或许就是我爱你，你爱我，而我们却阴阳两相隔，从此再也无法相见。毕竟不是谁都有《人鬼情未了》中男女主人公的幸运。

就在奥斯汀在下一处旅行的乡村风光中享受大自然恩赐的时候，却不想上天跟她开了一个天大的玩笑，她收到了Z先生的讣文。本来奥斯汀还在抱怨Z先生掉队太久，迟迟没有跟上他们，也设想过可能是有什么事情耽搁了，却怎么也没设想过是死神狰狞的面孔在作祟。

Z先生还这么年轻，前些天还是活生生的人，现在居然变成了一具没有生命的尸身，这对于奥斯汀来说是一个很大的打击。年轻生命的逝去总是让人难以接受，这样的爱情悲剧却时时上演着。

《山楂树之恋》中静秋和老三的恋情之所以能够在出版界和影视圈中吹起一股纯爱之风，就在于二人的恋情不是死于天灾，更不是人祸，而只是因为男主人公老三得了白血病去世。这是人力无法扭转的，这种未果的恋情使二人朦胧美好的爱情上投注了一种淡淡的哀伤。

奥斯汀是哀伤的，这哀伤不同于此前恋情的感触，更是一种无能为力的苦涩，加之二人的恋情只不过刚刚开始就胎死腹中，这感觉多少让人有些意犹未尽的感觉。这种错综复杂的情感对奥斯汀本就伤痕累累的心无异于火上浇油的，似乎她总是缺少足够的好运气，好不容易在前一段爱情失意中振作起来，找到又一位灵魂伴侣，不过却是南柯一梦。

但想想过去几天与Z先生经历的美好，这份偶然之爱带给她更多的是喜悦和欢快的感觉。在这份爱情的过程中从未有过任何不美好的回忆，两个人的相处也多是轻松愉悦的，这也多少消解掉了爱而不得的疼痛感。

# CHAPTER

## 理智 05 ♥
### 浪漫不再半途而废的再次私奔

奥斯汀随风而逝的初恋伴随着刻骨铭心的伤痕，还有随着岁月沉淀的宠辱不惊，最后却在猝不及防的爱恋狂潮的再次席卷中轰然倒塌。浪漫不再，心灵的再次激情恣意的畅想却迎来曲终人散的收场，是心已沧桑还是理智的正名？无尽的解释，无尽的怅惘。

# 怀旧：自我克制的悲壮抒情

最近大银幕上几乎被怀旧情绪侵染了，怀念青春时代的作品接二连三地推出，《那些年，我们一起追的女孩》、《致我们终将逝去的青春》、《中国合伙人》。青春或清新，或残酷，或现实的诸多面孔依次呈现在我们面前。不管哪一种青春是你的此生挚爱，你都无法抗拒青春这个庞大词库的语焉不详，总有新的对青春的解释和青春的定位。

不管是什么年代的人，都喜欢谈论和青春有关的种种。青春的梦、青春的美好、还有青春的伤痛，只要和青春有关的，就被沾染上了一种年少轻狂的不羁，有种生命自由的狂想。

而没有青春的人，也只有凭栏远眺，期望能在渺渺不可知的时空中窥到青春残存的一丝旧影，便觉得心满意足了。

然后一把鼻涕一把泪地发泄之后，便能安然接受苍老的接踵而至。

奥斯汀去世的时候才四十多岁，可以说她不过刚刚迈入中年群体的队伍，就匆匆忙忙地挥别一众亲朋，告别这多姿多彩的尘世。但她却是惯爱回忆的人，从她频繁地给姐姐卡桑德拉写信对当下的记忆，便能窥探出。对于稍纵即逝的当下都具有如此高的敏感，更何况是早已经杳不可闻的过往了。

怀旧的人是真正热爱生活的，他们总是一次次地在记忆梳理的过程中把握生命的意义，从对过去和自我的反思中发现人生中新的可能性。这种怀旧从不是执拗守住过去而不肯向前看的人，而不过是希望将人生看作一个连续的过程，不试图割裂过去，也不过分奢求未来。

都说老年人是最容易怀旧的群体，因为他们有大把的时间和苍白的现在，能做的就是对缤纷的过去做一次次深情的回眸，就像一个战功赫赫的将军在辞官归家的颐养天年中，总是向子孙们反复讲述着当年驰骋沙场的辉煌。我们总需要一些东西来证明自我，血肉之躯终归化作一抔黄土，灵魂是否能到达传说中的彼岸世界也未必确凿。

古人有"立德"、"立功"和"立言"的三不朽。庸庸碌碌的众人，鲜有能建功立业的超凡，多是普通不过的大众中的一员。能做的更多是立言著书，以心的澄明来铭刻过往的记忆，让往事在时空隧道中永被铭记，瞬间化作永恒。即使是"尘归尘、土归土"的百年之后，这一生也别无所求了。

要捕捉回忆便需要怀旧。

怀旧是对一道光的捕捉，那道光普照大地，穿越过往和现在，甚至能够抵达未来。对光的寻觅是我们寻求灵魂温暖的方式。

奥斯汀寻寻觅觅找寻未果的这道光，让她感到灰心丧气，幸得她蕙质兰心，是个用心生活的女子，才能够妙笔回春，写出精妙的好故事。而这些故事渐渐散发出各自独特的光芒，最后凝聚成了那道光。

小说中的每个人物几乎都是奥斯汀自己，都有她自己对生活的体验和思考的影子，是过去的、现在的和未来的奥斯汀。

奥斯汀的小说被人称为"茶杯中的风波"，她始终将深切的目光专注于人的情感世界，在这个领域里开疆拓土。她自己的命途多舛、情路坎坷，便教自己的人物改变命运，即使是再平凡不过的女性角色哈瑞特也最终赢得了自己的幸福，尽管爱玛苦心孤诣地极力撮合，哈瑞特还是自主选择找到了幸福。即使是伊丽莎白这样的女主角，不过是出身于普通的小地主家庭的女儿，却能够得到达西这样有钱绅士的垂青。

试想，奥斯汀在为自己的爱情掬一抔热泪的时候，却同时在自己的小说中为绅士淑女们创造了一个又一个终成眷属的大结局，这种现实与创作的极大反差，更会让作者奥斯汀本人伤心欲绝吧。为什么她创造幸福的能力只是在小说中才得以实现，写尽了爱情的奥斯汀却无法解决自己的爱情难题。

过去的奥斯汀是《理智与情感》中的玛丽安，现在和未来的奥斯汀希望成为的是玛丽安的姐姐埃莉诺。《傲慢与偏见》的伊丽莎白是奥斯汀对门第观念浓重的英国社会的嘲弄，而《诺桑觉寺》中的凯瑟琳和亨利在对抗门第差距的几经波折后终于结成伉俪，这是对社会不平等和阶级成见等功利主义的完美超越。

尽管好事多磨，奥斯汀小说中的人物却总能在一番挫折后，守得云开见月明，这份乐观的思想鼓舞了一对对的青年男女，而也是现实中愈挫愈勇的奥斯汀的自我投射。

奥斯汀一度曾经绝望过，她在1801年至1809年所写的信件，几乎没有留下几封。在她不长的一生中，偏爱出游的英国人总是写信给亲朋的习惯深深地影响着她，而这几年她却未留下有迹可循的只言片语，定是笔尖倾诉的多是破碎的心和多愁善感的心绪，是对心灵创伤的精细描摹，才会被极力维护奥斯汀的姐姐卡桑德拉毁掉，避免世人窥探女作家心中的脆弱。

奥斯汀并未对爱情完全绝望，在心底总有某个声音发出，告诉她怀旧的时刻已然开始，但未来的大门同时也在徐徐开启。

在一次倾其所有的爱恋之后，有多少女人能鼓起勇气遇见下一次的恋情。更多的人是在自我放逐中绝望了，或者只是一味地沉浸于回忆中无法自拔，不敢相信也害怕受伤的情感让人犹豫徘徊。

怀念过去是奥斯汀有所克制的自我抒情，是对过去咏唱的一段墓志铭。她向来是自嘲的，从不会直言过往的心酸，恐怕会边回忆边故作无情地嘲弄当年自己的痴傻可笑，其实骨子里却是珍惜当年那个稚嫩的自我。自尊心强大的人自我保护的方式通常是在旁人面前采取一种自我贬损的策略，连自己都说了这么多尖刻的话对待自己，其他人当然不好说什么了。奥斯汀肯定是在怀旧的时候，没少说自己的坏话。

英国人的传统和保守在此就体现得淋漓尽致了。总觉得工业化社会之前的英国是一曲真正的田园牧歌，集西方人的豁达和东方人的内敛于一身的英伦风情，是多少人梦寐以求的理想格调。奥斯汀的怀旧也成就了当今都市男女的怀旧，他们所怀旧的正是奥斯汀，这个充满着古老意味的时代标签。因为奥斯汀笔下是人性在爱欲中的坚守，是不懈努力的爱的进行曲，告诉我们，不要绝望。

## 遇见：英雄救美的爱情传奇

最近，人们在整修奥斯汀的哥哥爱德华的故居时，发现了疑似奥斯汀的旧物：一个红宝石戒指和一摞手稿。后经奥斯汀文学基金会等权威机构和研究专家的坚定，认可这是奥斯汀的遗物。手稿中透露了奥斯汀的个人回忆录。

以上内容出自美国当代女作家斯瑞·詹姆斯于2008年出版的小说《失传的简·奥斯汀回忆录》的前言部分。

作为奥斯汀的权威研究专家，詹姆斯女士的发现当是确有其事。

奥斯汀一生的挚爱除了初恋的勒弗伊之外，另一位男士也终于浮出水面。这填补了本来众说纷纭的奥斯汀的恋情的空白，她确实轰轰烈烈地爱过，而且不止一次。

奥斯汀与这位名叫阿什福德的绅士的相遇，与她小说

《理智与情感》中玛丽安与威洛比的相遇如出一辙,这恐怕就是小说灵感的现实根源吧。奥斯汀和哥哥亨利在巴顿附近的码头游玩,无意失足跌倒,幸好有路过的阿什福德仗义相助,和亨利一起将受伤的奥斯汀送回住处。这初次相遇的英雄救美的桥段,定会在奥斯汀心中激起了层层涟漪。

而内心泛起波澜的不只是奥斯汀一个人,阿什福德先生也是为眼前的伊人倾倒,细聊之下,知道奥斯汀正在积极进行文学创作,而且有出版作品的雄心壮志,加之二人对乡村生活的热爱和不同流俗的见解,这一切都很投机,让两颗年轻的心逐渐靠近。

而这位阿什福德先生的身份不详,或许是牧师之类的受人尊敬的社会职业。只知道也是家庭背景良好的绅士,和奥斯汀这样的小家碧玉也算是相得益彰,非常般配。阿什福德没有大男子中心主义的自负,他对奥斯汀的文学创作表示欣赏,认为她是个有见识的独立女性。奥斯汀也为听到这样的金玉良言而深感振奋,阿什福德这样的男子才是真正的绅士,让奥斯汀刮目相看。

男女之间的爱情如果夹杂上对于彼此的欣赏和如遇知音的情感,这对爱情而言无疑是锦上添花的,只会更稳固一段感情,更给恋爱中的彼此心灵的震撼。正如电影《卡萨布兰卡》中男主角的感叹:"世界上有那么多的城镇,城镇中有那么多的酒馆,她(伊尔莎)却偏偏走进了我的酒馆。"

奥斯汀和这位阿什福德的爱情如一道惊雷,唤醒了沉浸在自我哀伤中的奥斯汀。此时,正值奥斯汀最为挚爱的父亲患病离世的艰难时刻,奥斯汀和母亲、姐姐三人,颇有些《理智与情感》中埃莉诺、玛丽安和她们母亲遭遇的影子,只是不同于埃莉诺同父异母哥哥的冷酷,奥斯汀的哥哥是血浓于水的至亲，所以对她们母女三人能妥善地照顾。

但内心的脆弱和孤寂可想而知，父亲走了，这意味着奥斯汀失去了自己多年来得以存身的家庭，而有些无根浮萍的感觉，只得依靠着哥哥生活，这种寄人篱下的感觉显然与父亲健在时的情况不同。

在哥哥的乡间小屋，奥斯汀本来深陷在丧父的痛苦中，无心写作，对生活也丧失了热情。不想一次偶然的驱遣坏情绪的散心竟叫她邂逅真爱。

奥斯汀内心的迷惘和痛苦正无人倾诉，此刻上天却派了个理想的倾听者降临到她身边。完全不像奥斯汀上一位追求者布莱考尔牧师的现实和对奥斯汀创作的不理解，这个阿什福德先生是难得的有自己独特洞见的非凡之人，知音难求的奥斯汀感到的兴奋和快乐自不待言。

高山流水需要知音的相遇才能弹奏出千古绝唱。你说什么，对方能恰如其分地回应你。或者你只是无言地投递过一个眼神，对方就了然，明白该如何回应你的要求。你想什么、做什么，你的价值观，你的最本色的自我，是他洞若观火的。

这种感觉是世界上最为美妙的了吧，试想一下两个萍水相逢的陌生人，竟然有种多年相伴的老友的感觉，而且能第一时间感受到你灵魂的悸动和心灵的低语，知道你在烦恼些什么，也明白你有时候情绪激动的原因。而且你们之间根本不需要多做解释，语言成为了华丽的附庸。

无怪乎有人说爱情是一种遇见。气味相投的两个人，不知道怎么的就遇到了，然后兴高采烈，眉飞色舞，才足以表达内心的欢欣，恰如古人所说，"言之不足，故嗟叹之。嗟叹之不足，故永歌之。永歌之不足，不知手之舞之，足之蹈之也。"

是不是所有的快乐终归都是短暂的？昙花一现的美丽或许就在于集万千美丽与刹那的惊颤。阿什福德先生第二天就不辞而别了。尽管他也托人给奥斯汀送来了字条，说明自己离开的原因是家庭事务。

但他没有说自己什么时候回来，甚至没有给她一句话的承诺，要奥斯汀等他回来。

女人陷入爱情中总是有太多的奢望和遥不可及的规划。不过只见过一次面、敞开心扉的一次闲聊，真的就能代表什么吗？奥斯汀有些自嘲。但如果这一切什么都不代表，他何苦又来拨弄她的心弦，向她由衷地表达他的欣赏、喜欢和理解呢？

彩袖殷勤捧玉钟，当年拼却醉颜红。舞低杨柳楼心月，歌尽桃花扇底风。
从别后，忆相逢，几回魂梦与君同。今宵剩把银釭照，犹恐相逢是梦中。

——《鹧鸪天》（晏几道）

人间自是有情痴，忽地想到了小山词，分别后的思念让人欲罢不能，唯有在梦中重聚。而今宵若果真能重聚，也恐怕是梦，不敢相信这居然能成为发生在目前的真实，思念要到多深多重才能够有此番的虚实不分！

奥斯汀想要创作，以此来表达自己心中积郁的痛苦和不快，却怎么也无法达到从前的文思泉涌。自从阿什福德不告而别之后，心如止水的奥斯汀就变得坐立不安了，她一度甚至认为自己已经江郎才尽，所有的才华都用尽了。这对一个以写作为生命的人来说，是多大的惩罚啊！

她也理性地告诉过自己，切忌再随便将全部的柔情投入到一段恋情中，前车之鉴的伤口不过才稍稍弥合。况且她也年纪日长，实在没有多余的青春年华可以随意挥霍。奥斯汀所在的那个时代，人们普遍短寿，所以相应的结婚的年纪自然要提前，如果一个女子到了二十七八岁还没有出嫁就已经算是老姑娘了。

奥斯汀认识阿什福德先生的时候大概就是二十七八岁了，她在心底里肯定是渴望谈一场能够最终修成正果的爱情，单纯如奥斯汀的个性，即便是当年的那场初恋，她甚至在心底都有结婚的打算，更何况经历过诸多挫折的现在的她。

只是阿什福德先生并没有像他自己所说的那样处理完家庭事务就回来，而是有一年多的时间和奥斯汀没有交集，他杳无音讯，二人基本断了联系。这或许又是一段无望的爱情。而且这次比上次还要让人惆怅，感觉还不过刚刚开始，只略微领略到一点爱情花园的风光，就被挡在门外，快乐的感觉戛然而止了。这种无望的焦灼感让奥斯汀觉得很痛苦。

女人一旦陷入爱情的痛苦中，真的能做出惊天动地的事情来，即使是将自我放逐也在所不惜。奥斯汀没有做出什么过激的举动，只不过人变得懒散了，似乎对生命的一切都失去了兴趣。

尽管照样去参加一些聚会，但此时的社交生活根本难以引起她的兴趣，她以往还会在社交生活中积极地与人交谈，并总能发现些生动有趣的事情。而现在，都是抱怨，满纸的抱怨。1801年她在写给卡桑德拉的信中这样抱怨过。

昨天晚上又是一次无聊的聚会，也许场面大点会让人好受一点儿。可是地方太小了，只够放一张牌桌，剩下六个人只能面面相觑，扯东扯西……

——1801年3月12日—13日

　　奥斯汀一定不希望再去参加自己曾经一度沉溺的社交舞会了吧！但是在巴斯的家中枯坐，看到自己平日里写作的书桌和记事本，想到近日来的才思枯竭，定也不是什么好事情吧。只好去参加舞会，也是不好经常推脱一些友人的邀请。在杰金斯太太的家庭舞会上，她终于遇到了那个让她朝思暮想的人。

　　不过一向骄傲的奥斯汀是不会承认自己对阿什福德先生深切的思念的，就如同当年她在和勒弗伊陷入热恋的时候，不过说对方只是有一点意思，谈不上多好。这点倒是和东方女人陷入爱情的口是心非有异曲同工之妙。其实，爱情从来都是无国界的。英国人的保守和礼节繁多在西方社会也算是比较具有代表性的，奥斯汀这样的英伦淑女当然也会有些心口不一的含蓄，再加上天性的敏感和自尊，奥斯汀显然不会轻易承认自己的感情。

## 错误：作为过客的美丽

我打江南走过

那等在季节里的容颜如莲花的开落

东风不来，三月的柳絮不飞

你的心如小小寂寞的城

恰若青石的街道向晚

音不响，三月的春帷不揭

你的心是小小的窗扉紧掩

我达达的马蹄是美丽的错误

我不是归人，是个过客……

——郑愁予 《错误》

遇见你到底是正确还是错误，或者不过是一次矫枉过正的爱情演习。认真的女子总希望遇到的都是真爱，却不想总是在寻觅真爱的路上。在爱情面前人人平等。即使像奥斯汀这样的旷世才女，也有和我们一样对于爱情的美好想象。

前一秒钟奥斯汀一定还在心里对杰金斯太太举办的这次舞会诟病，看到绅士小姐们在舞池中翩翩起舞，她也丝毫没有想加入进去的兴趣。这显然与热爱舞蹈的她背道而驰。

而当奥斯汀看到那张熟悉而又陌生的英俊面孔时，一定是吃惊到咂舌了吧！她一年多以来无法逃脱的梦魇现在赫然出现在面前。

两人的再度重逢点燃了奥斯汀心中的希望和爱火。她知道，自己尽管在心中已经对这段恋情不抱任何希望了，却在这样的绝境中柳暗花明。阿什福德也向奥斯汀解释了自己迟迟未归的原因。

到现在为止，两人也不过有几面之缘。奥斯汀在阿什福德不在的这段日子中的生活情况，阿什福德也略知一二，他向她表达了自己的歉意。并深感一个才女就要断送在自己的手中，竭力劝说奥斯汀重拾笔杆，继续自己挚爱的文学创作。

有人说学问和爱情不能兼得。出身卑微的贝多芬尽管有天才的音乐细胞，却在曲折的情路中终此一生，随着爱慕的女子相继嫁作他人妇，贝多芬一曲曲伟大的乐章应运而生。诺贝尔似乎也有着同样的逃脱不了的厄运，在爱与被爱的岁月中爆发出惊人的才华，却无缘与爱人厮守。

奥斯汀的一生显然也是在未婚生活中独自走完的，但这并不代表她没有享受过美妙的爱情,而这蹉跎的情感生活正是她创作的灵感之源。

爱情并不是可以随处寄放的物品,非要握在手中不可,而是一种体验的过程。那些伟大的人物必然有一颗七窍玲珑心,才能够在这多舛而又丰富的情爱体验中显示出天才的伟大。

后来,阿什福德带着奥斯汀去找吉普赛法师算命,宁可信其有,他希望她能够在未来少受些磨难,多创作些精彩的作品。大概吉普赛法师有些东方式的智慧,根据奥斯汀的掌纹判断她是一个寿命有限而才华无限的女人,写作是她安身立命的方式。

这是激励奥斯汀的一种方式吧。不管是否有效果,奥斯汀似乎又重拾生活的信心,却不想新一轮的打击接踵而至。就在那次舞会结束后,与杰金斯太太的闲谈中,奥斯汀得知阿什福德早有婚约。

这个消息对她而言无疑是晴天霹雳。

舞会结束,曲终人散,阿什福德已经离去。奥斯汀甚至都没有想过去找对方求证,或者寻求一个起码的解释,那时候的人如果有了婚约基本上和有妇之夫没有什么两样了,她大概是不想成为所谓插足婚姻的第三者吧。更何况,据杰金斯太太说,阿什福德的未婚妻是富甲一方的贵族小姐,而自己只不过是不名一文的平民女子,祖上的荣光早已经成为了虚名,无法为自己没落的当下做出任何改善。

是自尊心占据了心灵中心的位置,高傲要强的奥斯汀不会想要试图获得一个解释,或者宽慰自己的方式。好不容易遇到的好男人,既然已是别人的未婚夫,出于道德上的自律,她也不得不三缄其口。

如果说在父亲过世前,奥斯汀还算是家道小康的中产阶级小姐,但父亲去世后，她基本上成为了一贫如洗的单身女子。她和母亲、姐姐只有依靠奥斯汀家的男人来解决生计，才能过上每年有四百磅可用的生活，而这距离富裕生活的水准还差得太远。

初恋时候的奥斯汀只需要谈爱情，那时候她还有资本骄傲地昂起头和其他的同龄女子一较高下，那时因为有父亲可以依靠。而现在的她却似乎没有了当日的意气风发。这不是现实，而是一种由经济地位而决定的底气不足，毕竟，她是个没有什么嫁妆的女人，如果对方有个更年轻、更有钱的未婚妻可以同时选择，她几乎可以肯定自己必然会败下阵来。

在初识阿什福德的时候，她以为他是与众不同的男子。而现在得知对方已经有了个有钱的未婚妻，这对奥斯汀来说无疑是不小的打击，在打击之下，更多的是一种失望和沮丧的情绪。一向心比天高的奥斯汀怎能够忍受这样的屈辱，于是暗暗在心中告诉自己，要好好地生活，从此以后彻彻底底忘掉这个人。

最好的方式就是不去打扰，把与整个人有关的一切都从脑海中自动清除，自此海阔天空，过一个人的逍遥自在的生活。但毕竟惊涛骇浪过，怎会在转瞬的时刻就恢复波滋事澜不惊的平静呢？

感情并不是能收放自如、想忘记就忘记的。理智的奥斯汀似乎在自己的人生中实践着一条并不怎么理智的情感方式。激越的情感总是无法被轻易约束的，她心中的痛苦已经不是简单的自暴自弃能够解决的，她甚至有些迷茫了。

当一个人陷入爱情的折磨中无法自拔的时候，最好的做法或许就是能暂时逃脱与爱人相关的时空，去出游散心不失为很好的办法。

于是，奥斯汀去了她最喜欢的兄长亨利伦敦的家，想要散散心，顺便能暂时忘却这段未果的痛苦恋情。在伦敦的生活，她总是让自己在忙碌中忘乎所以，这是一种避免大脑高速运转的方式，每天看戏、参观展览、和朋友逛街约会，只要有可能，奥斯汀就不会让自己待在家中，足不出户的生活会让思绪无限度地侵扰她那试图平静的心情。

人生总会经历些错误，这错误是不可避免的，是基于人性固有的弱点总会犯下的。比如，爱上一个不该爱的人，不知道适可而止地控制自我一泻千里的情感，在应该坚强的时候却总也无法克制软弱下坠的冲动。

独立坚强的奥斯汀在这场苦恋中，尽管激情膨胀，还是最后暂时让理智占了上风，她用一种近乎逃避的方式暂时压制了感情的咆哮。尽管对这个美丽的错误，还有着无尽的留恋。

在伦敦散心的日子，奥斯汀未曾动笔写作，但她对文学创作的事情总算是上心了。有一次她去看戏，散场后偶遇当时赫赫有名的文学家司各特，正值司各特在创作大型歌谣体的历史传奇《威弗利》，奥斯汀给司各特提了建议，觉得改成小说题材创作《威弗利》会更好。司各特对奥斯汀这个文坛新人很喜欢，欣然接受了她的建议，而后来的事实也证明了她的建议的中肯，小说体的《威弗利》大获成功。

# 出走：中止的浪漫幻想

自 19 世纪浪漫主义文学在欧洲大放异彩之后，自诩天才的文人骚客们赋予人类普遍的情感以普世的价值和迷醉的光芒，英国浪漫主义文学的代表人物自然要属湖畔派诗人了。

湖畔派诗人普遍推崇人的情感，诗歌中也弥漫着一种自然和中古的浪漫情怀，对爱情的讴歌自然也是湖畔派骚塞和华兹华斯的挚爱。而与湖畔派诗人志趣相投的奥斯汀自然得到了两位诗人的欣赏和喜爱。

奥斯汀姐妹的朋友辗转与诗人骚塞结成了姻亲关系，也是因为这个契机奥斯汀的小说被湖畔派激赏。

奥斯汀与湖畔派的共通之处，或许就在于对人类普遍情感自始至终的深切关怀。尽管华兹华斯表示对奥斯汀的作品没有过多的兴趣，但也认可其小说对真实生活的反映。而骚塞和柯勒律治则对奥斯汀有相当高的评价。

奥斯汀的小说作品之所以能表达人生的真实，是因为她在自己的生命中真实体会过强烈的爱，而更振奋人心的是，奥斯汀一生中有数的几场恋爱，无一例外，都称得上轰轰烈烈，让人不无艳羡。

经过此前的诸种误会，奥斯汀和阿什福德的恋情终于有了守得云开见月明的时机，这是奥斯汀始料未及的。

奥斯汀在伦敦逗留的时间里，她肯定不会知道自己的心上人此刻正在为了她图书出版的事宜四处奔走，为了实现奥斯汀的文学梦想不遗余力地付出着。而她还在心中埋怨他对自己已有婚约的隐瞒，对他将要成为别人的丈夫非常介意。

哪个女人能够不介意呢？更何况我们的女作家奥斯汀生活的是民风纯朴、大家都还很保守的时代，奥斯汀从小出生的牧师家庭也使她是一个循规蹈矩的女子，尽管骨子里叛逆，但她对社会习俗和礼法还是很尊重并自觉遵守的。

奥斯汀不可能轻易释怀自己爱上的男人已有婚约的事实，即使阿什福德为她做再多的事情，她也不会欣然接受，不过是出于朋友的感激之情。她有着自己的原则，并不会轻易妥协。爱一个人也从不是要爱到妥协原则，丧失自我，才能够称得上是真爱。

阿什福德怀着炙热的爱，向奥斯汀解释了自己订婚事情的前后缘由，并坦然告之自己隐瞒奥斯汀的原因，只是害怕吓跑自己一见倾心的女作家而已。再加上阿什福德已经计划和未婚妻解除婚约，这才消除了奥斯汀心中的顾虑。

而此时阿什福德的未婚妻伊莎贝拉显然也对自己的未婚夫没有感情，伊莎贝拉与一位军官交往并单方面提出解除婚约，这与阿什福德一拍即合。这对已有婚约的情侣选择和平分手了。

事情的发展大大超过奥斯汀的预期,是一种完全未料到的局势良好的方向,而奥斯汀不但轻而易举获得了真爱,还赢得了《理智与情感》出版的机会,奥斯汀从未感到自己的人生这么幸福过。在奥斯汀哥哥家发现的那枚红宝石戒指就是阿什福德送给奥斯汀的定情之物,他表达了想要娶她为妻的坚定。

每个女人都会对这样的爱情宣言感到目眩神迷,似乎奥斯汀的人生总有那么些磨难出现,幸福只不过短暂停留了一下下,就被接下来的噩耗追赶着离开了奥斯汀的人生。

阿什福德的家庭遭遇破产危机,唯一的解决办法似乎就是娶一个有钱的女人。阿什福德的父亲投资航海事业,却没想船只遭遇海上的风暴,所有船只都被海浪吹翻了,阿什福德的家庭陷入财务危机,曾经家境殷实的阿什福德几乎在一夜之间就成为了一个穷光蛋。

奥斯汀不会嫌弃阿什福德突然的暴贫,尽管她认为理想的婚姻是需要一定的物质基础的。但事实证明不是奥斯汀不嫌弃就能够解决问题的,阿什福德的未婚妻伊莎贝拉在看清那个交往军官真面目之后与之分手,而有重回阿什福德怀抱的可能。显然,阿什福德的家族也希望他和伊莎贝拉重结秦晋之好。

这一次,阿什福德表示了自己对奥斯汀不离不弃的情感,即使是面临贫穷困顿的生活,他也欣然。阿什福德不想再和奥斯汀分离,之前的误会已经让这对情人走得足够曲折,他表示即使离开这是非之地,他也愿意。

这意味着奥斯汀人生中又迎来一次私奔的机会,同样的事情她显然不想再有第二次。上次的失败教训已经让她痛心难过了很久,才从这伤痕中慢慢平复,而此刻难道当真要重蹈覆辙吗?

但面对阿什福德的一片深情,奥斯汀显然不想辜负。

想必她一定感到特别痛苦,自己的人生似乎就是一个无尽延伸的恶性循环,是一个永远也无法走出的情感迷宫,不管怎么努力地去寻找出路,她似乎总能隐隐感到一种无力的绝望颓唐的感觉。

这次的出走与上次勒弗伊的情况是多么地相似啊!不同的只是阿什福德似乎更加清醒理智,更加清楚自己想要的是什么。而在这种格外清醒的状态下所作的选择,在深夜无眠的时候,带给当事人的痛恐怕会更加撕扯着那颗敏感的心吧。

勒弗伊是青春时代的最好记忆,那她会不会让阿什福德成为自己的下一个记忆呢?

奥斯汀的家人显然是希望奥斯汀的恋情能够修成正果,她的情感之路太过蹉跎,已经禁不起过多的打击了。难道是这个天才女作家和爱神有什么过节,才会在一次次爱情旅程中痛苦不堪,无法抵达终点,也没有找到下一个出口的能力。

这次的出走也不算是严格意义上的私奔,只是阿什福德提议奥斯汀和他一起出走,远离家族利益的纷纷扰扰,也不去理会通过所谓的婚姻来拯救家族破产的窘况。只是换一个地方,开始美好的二人世界,然后进入婚姻的神圣殿堂。

相信这天奥斯汀已经等了很久。没有哪个女子不向往世俗婚姻,能够和喜欢的男子长相厮守是每个女子的愿望。而之前的错过也好,放弃也好,都已经不那么重要了。因为此刻，有个人一心一意地守候在她的身边。

她向来也是嘲笑没有爱情的婚姻，嘲笑人们固有的成见，和世俗社会对门第的看重。她心里肯定不希望有人成为社会陋习的牺牲品，为了财富而去接受一段婚姻，更何况这个人还是自己的心中所爱。

放下所有而守护爱情的人是值得尊敬的，其放下的勇气和姿态本身就值得敬畏。阿什福德是值得尊重的，他显然具备巨大的勇气。而奥斯汀却始终处于茶饭不思的犹疑状态，她不知道该如何选择。

最后，奥斯汀同样留给了阿什福德的内心一条充满伤痛的烙印，她的私奔最终还是没有成功。或者说她的私奔在二人计划的阶段就已经被奥斯汀扼杀了。她总是那个深明大义的女子，希望能给所爱的人最好的人生，即使这代价是要牺牲自己的爱情，她也在所不惜。

从这个意义上来看，奥斯汀是那个爱得更深的人。

## 寂然：名亡实存的自由之爱

奥斯汀肯定不会想到自己并不漫长的一生会经历同一件事情的两次考验，而出人意料的是她都做出了一致的选择，即使她得到两次机会，她依然坚持自我。浪漫已经不再是生活的必备品，狂热的激情带来的灾难或许会大于幸福，她是最自私又最无私的女人。

喜欢一个人是种很奇妙的感觉，你可能在不经意间让他住到了你的心里，感觉对方的气息似乎总是环绕在你的世界，如影随形。即使无法互相陪伴，也依然有爱着的味道。这是一种狡黠的自私吧，从爱情中汲取了它最为宝贵的东西——爱情的味道，而弃慷慨给予你这感觉的恋人于不顾，选择独自一人的生活。

奥斯汀是这样冰雪聪明的女子。她放弃了阿什福德，却获得了甜蜜的爱情滋味。

她认为最好的爱情是在自己的心里为恋人造一所房子，而这房子中就住着恋人和甜蜜的爱情。即使最终与恋人于茫茫人海中走失，也不必担忧，因为心中的房子已经悄然建造完毕，剩下的工作不过是守住自己的心门，不让陌生人轻易造访。

她的小说灵感之所以源源不绝地涌现，生命中这几段刻骨铭心的爱恋自然是大功臣，而这个最有魅力的男人，是在奥斯汀青春年代终结时的最好纪念，自然是灵感的最佳源头。

既然是牧师的身份，阿什福德家境最多不过是中产阶级，因为当时家境贫寒的人多是通过获得教职来改变自己的身份。那时候的英国比起《红与黑》中于连生活的19世纪初的法国要轻松得多，在上进心激发下小人物妄图寻求更好的生活不是那么遥不可及的梦幻，自然也不必像于连那样无所不用其极，最后的结果也不过是赔了夫人又折兵。

奥斯汀和阿什福德是心心相印的。也许是共同的出身和生活环境使然吧。奥斯汀的家庭中有三个牧师，她的父亲和两个哥哥。阿什福德的职位是讨巧的，奥斯汀了解，他也明白他心中的那方天空，与她的没有多大的区别，他们互相懂得。

她知道生活没有保证的那种无安全感，也知道寄人篱下的痛苦，甚至对于孤独和人情有自己犀利的洞察。她足够聪慧，以至于深感无望去承担两个年轻人义无反顾地相爱所产生的后果。

阿什福德如约来到了奥斯汀的住处，他们甚至已经在月色朦胧的晚上坐上了事先备好的马车，在一片漆黑的孔洞中，她有些害怕。恋人紧紧地握着她的的手，她有些战栗了。

阿什福德怎会不明白，她既是幸福的，又是不幸的。他有些担心她骄傲而敏感的心灵，为了他们的爱要付出背井离乡的代价，甚至有遭受世人唾弃的可能。而幸福的是，她有他，他会全心全意地对待她。

奥斯汀自然不是庸俗之人，如果在意的话，她怎么会两次都同意私奔的决定呢？她只是在思考，爱之火在熊熊燃烧之后，剩下的会是什么？

她担心阿什福德的家族该何去何从。她知道贫穷的滋味，知道从小物质匮乏的捉襟见肘，也知道找人借东西时的窘迫……

人们可能会认为西方的自由主义和个人主义向来是鼓吹个人至上的，从来或者说很少去考虑集体的空中楼阁，更何况此时英国的浪漫主义思潮已经悄然开始，一代才女奥斯汀在这样的环境下耳濡目染，加上天性的特立独行，真的会在意这么多吗？

她会将自己的爱情断送吗？

奥斯汀是个才女，是有个性的，但这并不代表她就要有一种不计后果的浪漫主义，不要忘记，她更是推崇理性的。

于是就很容易理解奥斯汀对又一次浪漫出走的半途而废了。她和阿什福德坦诚说出了心中的想法，不希望做个自私幸福的小女人，也不想承担日后激情消退后的理智责任，因为那意味着阿什福德的整个家族成为了二人爱情的牺牲品。

阿什福德想要拥有爱情，反复申诉了自己的心意，奥斯汀却丝毫没有动容，他能做的只能是尊重她的意愿，趁着夜色送她回家。

当年稚嫩的私奔，勒弗伊还年轻，她不知道自己想要的是什么，奥斯汀自动放弃这段青涩之爱，只因为太过年轻。而此时，阿什福德和奥斯汀显然都清楚他们想要永远在一起的心意，却无奈时运不济，家庭遭遇巨变的阿什福德有杰出的品格和坚定的意志，坚持和奥斯汀共奔美好生活，却不想高尚的奥斯汀也同样不同流俗，没有为了一己的幸福而牺牲他人，只得在私奔的狂热喜悦中突地平静下来，进入死灰一般的寂然。

这对苦命鸳鸯自此分道扬镳。阿什福德先生是否迎娶了那位有钱的伊莎贝拉小姐我们无从知晓，这份失而复得的恋情终究还是失去了。

奥斯汀在与阿什福德的整个相恋过程中，一直坚持追求爱情的勇气和理想的婚姻，经过重重考验始终对爱人保持执着的爱，却不想感情最终还是败给了现实。她的初衷是收获这段以爱为名的婚姻，结果却适得其反，而且竟把此生又一个挚爱推向了另一个女人。

没人知道这位阿什福德先生的未来，他不像奥斯汀这样幸运，成为世界关注的焦点。但同时，他又幸运地成为了奥斯汀魂牵梦萦的男人。尽管这段感情早已经尘封，留给后人的只是无意中发现的那枚定情的红宝石戒指和奥斯汀表达自我痛苦感触的文字。

即使以后无缘相见，相隔千山万水，奥斯汀和阿什福德间的爱意却不会因此消融。结果怎样或许并不是爱情的最终归宿吧，私奔的惨烈似乎是温和的奥斯汀所极力避免的，再次私奔是因为与美满婚姻擦肩而过的遗憾所激发的吧。而惨烈的不顾后果的出走似乎是奥斯汀所能避免的。而现在能做的是寂然守护地那份爱意于心中,这是她乐于接受的,这种从容的感觉不会为爱人设置一个天然的囚笼,彼此的心是自由的。

# 永别：惨淡经营现实的勇气

奥斯汀一生经历过太多的生离死别，有时候禁不住会困惑，她毕竟是一个弱女子，是如何承受住这么多生命中无法承受之痛的？

1804年，奥斯汀的人生遭遇重大的打击，失去了自己挚爱的朋友，而这位朋友的离世只是因为一次自驾马车的出行。这已经不是她第一次以这样的方式失去好友了，1798年，她交心的表妹简·威廉斯也是在一次坠马的意外中身亡的，而奥斯汀挚爱的父亲在迁往巴斯之后不久就病逝了。

西方哲学中有向死而生的传统，古希腊的英雄们在战场上抛头颅、洒热血，只是单纯为了赢得荣誉，即使这荣誉是要用他们宝贵的生命来交换也在所不惜。对于死亡，人们似乎更多的是向往，而不是畏惧。

此岸世界和彼岸世界的大门是由死神掌握的，死后才能通过这扇神秘之门走到未知的彼岸世界，通往生命的另一种可能。

奥斯汀是个感性而又多情的女子，但也不时表现出克制感性的性格，深受"向死而生"传统影响的奥斯汀，表现出的悲恸也是克制的。

父亲的逝世算是寿终正寝，但还是有些出乎奥斯汀一家人的意料之外。本来奥斯汀一家人迁往巴斯的原因就是希望能够为年迈多病的父亲找一个休养圣地，好好地颐养天年。却不想，一家人苦心孤诣搬到距离温泉很近的绿园大厦，就是为了让靠拐杖才能走路的乔治·奥斯汀方便去泡温泉。但泡温泉似乎并没有对他的身体状况有太大改善，不过一年，他的身体就不大舒服了，在一天早上和家人共进早餐后就发起了高烧，以致昏迷不醒。这给全家人很大的震撼，深感惴惴不安的奥斯汀几乎寝食难安。她跟父亲自小感情深厚，父亲是她的启蒙恩师，是她精神的引路人。很难想象，父亲就要这么快地离开她了，她有多么悲伤。1805年11月21日一早，奥斯汀的父亲永远离开了她。

父亲的离世尽管给奥斯汀很大的悲痛，但令人欣慰的是，父亲在死后得以安葬在和妻子结婚的教堂——华寇教堂。这算是坏消息中的一个好消息。

而奥斯汀在给两个身在外地的哥哥写信通知父亲的死讯时，表现得也是很有节制的哀伤，她担心哥哥法兰西斯收不到信，特意细心地给他寄了两封信。

给父亲处理丧葬事宜的过程，奥斯汀一家人都表现得很理性，奥斯汀甚至还给父亲亲自写了祷文，表达对逝去亲人的纪念。

老年人的过世对于生者的打击相对来说还属于能够承受的范围，因为他们的一生基本已经没有什么遗憾了，品尝过生活的种种，而且老年人通常是病逝，不是意外死亡。但是如果年纪轻轻就夭折了，还是出了让人心惊胆战的意外，不能不叫人伤心欲绝。奥斯汀关系较好的好友和姐妹出于意外的死亡，对她的打击更像是暴风骤雨的击打。

不过，不管是哪种类型的逝去，有爱的人与我们永别，总不是什么好事情，奥斯汀整个人在1804年至1805年这两年，承受了太多的惨淡的现实状况，好友和父亲永远离开了她。

奥斯汀几乎每天都将自己泡在水里，她喜欢整个人浸到水中的感觉，直到筋疲力尽她才会出来。这个怪癖或许是她舒缓身心疲倦的方式吧。那时候毕竟没有过多的娱乐，很多娱乐活动都是公众性的，多少有些出入公开场合的矜持。而泡澡却是一个人的活动，可以任思绪天马行空，让悲伤的泪水模糊双眼，或者在对逝者音容笑貌的回想中莞尔一笑。

斯人已逝，过分沉湎在悲痛中总不是办法，也不是人该有的一种积极入世的态度。

奥斯汀此时已经和阿什福德先生失之交臂了，父亲和好友又相继去世了，亲情、友情和爱情同时遭遇了挫折，这是她人生的关键时刻，不是沉沦，就是奋起。如奥斯汀自己小说中塑造的坚强女性一样，她也在生活中也是最坚强的女性。

她具备惨淡经营现实的勇气。

将哀痛缩小到心中最隐蔽的角落，默默为失去的人祈祷，太过思念的时候就作文缅怀，或是以他人的酒杯，浇自己的胸中的块垒，借自己小说中的人物抒情遣怀。或者如她笔下的人物埃莉诺一般，在父亲去世后积极承担家庭责任，安慰母亲，操持家务，她用在写作上的时间自然也会有些缩减。

奥斯汀7岁那年和姐姐在寄宿学校的时候，就差点因为那传染广泛的热病而死掉，幸好奥斯汀和姐姐染病不久，就被家人接回了家中，这才杜绝了疾病的快速蔓延和可能的对生命的吞噬。但这噩梦一样的经历对奥斯汀的人生也是有一定影响的。一方面她过早体会了生老病死的感觉，一个不过7岁的小姑娘在染上传染病后，心中想着自己可能随时会死掉，她甚至都不大清楚人的死亡是怎么一回事。另一方面，这种过早的体验带给了她成熟和坚韧的内心，小小年纪就已经有种处变不惊的气度了。

死亡的体验已经相隔很久的时间了，却在父亲离世后，这种感觉竟逐渐清晰起来。奥斯汀是不是一个虔诚的宗教人士，我们不得而知，尽管她的父亲和哥哥都有牧师的教职，但对彼岸世界的未知想必都会让生者有些恐惧吧，即便他们都有向死而生的传统。哈姆雷特在面临扭转乾坤的重任时，还是在存在还是死亡的终极问题上困惑，甚至害怕死后坠入一种无尽的虚空之中。

奥斯汀肯定不会走得那么远，她起码愿意相信一生奉献于圣职的父亲会抵达自己理想的安息地。过去已经失去的死亡的腐朽的味道，也开始在空气中发酵，开出让人迷醉的花。奥斯汀是痛苦的、静穆的、深沉的……

奥斯汀的母亲在丧偶的疼痛中也表现出理性的克制，她不愧是大家闺秀，在灾难面前能表现出大无畏的勇气，这一点对奥斯汀定有着深刻的影响吧。比起女儿失去父亲，妻子失去终身伴侣的丈夫的痛苦更胜一筹。陪伴走过一生的那个人没有完成在教堂的结婚誓言，自己匆匆一个人走向了未知的死亡，只留得剩下的那一个独自吞咽苦果。

奥斯汀和卡桑德拉从父亲的死亡中，能感觉到母亲隐而不发的悲痛，这熟悉的悲痛的感觉是姐妹两人都经历过的，三个女人结成了精神的同盟，这么多年来，这是她们唯一的一次惺惺相惜。

当奥斯汀太太带着两个女儿,启程要离开巴斯搬走的时候,她们满心欢喜,因为这是个充满着太多伤感回忆的地方。人总要往前看的,太多的回忆有时候会有过多的负重感,心灵过于沉重,就无法飞翔了。

# CHAPTER

## 邂逅 06 ♥
## 所有的故事总有个美丽的开始

所有的故事都有自己发展的逻辑线索，而一成不变的总是出场时惊鸿一瞥的惊艳，美好的开始总是充满甜蜜，全然不像结尾时候的忧伤。而这忧伤的甜蜜恰恰是奥斯汀一而再，再而三反复享用的，祸福自知，爱情从没有一个公论可以加以判断比较。只消在回忆时刻能有些许的怀念，便足够证明了。

# 爱上：容易陷入爱情的女人

聪明的女人从来不会轻易陷入爱情，而一旦陷入，就会运用自己所有的智慧和热情全身心地拥抱这世上难觅的真爱。

奥斯汀会不会在晚年疾病缠身的艰辛时刻，回顾自己并不算那么轻松的一生，后悔自己轻易地陷入爱情呢？

如果一个人怀着一种专注的热情进入一个领域时，那势必会在其他的领域丧失注意力，从没有两全其美的好事，鱼和熊掌注定是无法兼得的馈赠。若是深陷其中的领域能够带来功利成就，当事人或许也能有所安慰，毕竟获得了实际的东西。而若是情感领域，最后还落得个不得相守的结果，当事人或许会后悔，当时本不该太过用情。

但是没有感情的人生，真的是值得去经历的吗？

古往今来的女强人，从来都不会轻易爱上。因为她们知道，爱对女人来说是最大的劫数。爱让女人陷入诗人的迷狂，却在完成惊世骇俗的诗篇后还要选择一个烟火丈夫共度余生。这不能不说是一个嘲讽。

包法利夫人之所以一而再再而三红杏出墙，不就是因为作者福楼拜洞悉了庸庸碌碌的小人物的悲哀，想要冲破生活的庸常却又在这努力中走向另一个极端。但包法利夫人的努力是一个值得肯定的姿态，有种悲壮的感觉。

奥斯汀笔下的女主人公似乎并没有像福楼拜那么声嘶力竭地誓言要奔向爱情的理想。她们有一半天真，一半世俗，恰如奥斯汀对婚姻的精确定位。

回首往事，细数一次次相遇的瞬间，甚至感叹若是不相逢，何苦为情所伤至此？

哀怨的感觉只是转瞬即逝的流星划过天空，随即转向的却是因往日生活所带来的美好而感动的情愫。当人们经历一些或痛苦或遗憾的事情时，总是带着很强大的负面情绪，但当时过境迁的时候再回首，那些不堪的往事似乎都在时光的装点下泛着金色的光芒，即使是傻傻的举动在现在看来都让人忍俊不禁。

一个是社交场合中的千回百转，参加过那么多的舞会，也认识过不算太少的人，却偏偏对聪明年少的勒弗伊动心；一个是深陷困境的黑马王子，就在生命中一个偶然的意外悄然出现时，另一个人却伴随着这意外成为了上天最好的馈赠，成熟稳重的男子总是能赢得女士的芳心，阿什福德就是如此。

张爱玲有句经典的话是来形容两类女人的，她在小说《红玫瑰与白玫瑰》中如是说：也许每一个男子全都有过这样的两个女人，至少两个。娶了红玫瑰，久而久之，红的变了墙上的一抹蚊子血，白的还是"床前明月光"；娶了白玫瑰，白的便是衣服上沾的一粒饭渣子，红的却是心口上一颗朱砂痣。

张爱玲的描述是彼岸的幸福，到不了的远方永远会是人们翘首以待的天堂，却不晓得应该有怜悯眼前人的务实。另外，这种寓意之后的潜台词是对女人的两种分类：一种是冷眼高贵的，一种是纯洁无邪的。

而女人们对男人同样也有两种分类：要么是成熟稳重的黑马王子，要么是年少轻狂的白马王子。奥斯汀的一生中有幸遇到了这两种类型的理想男人，却都与他们失之交臂，相忘于江湖。而且无一例外地，两个男人都给了奥斯汀同样轰轰烈烈的恋爱过程，甚至都以激烈的私奔形式为高潮和结果。

多少人也许一生也不曾与真爱邂逅，也有些人即使遇到了最后也落得个所托非人的下场。奥斯汀尽管没有收获爱情的果实，她的爱却没有因为与爱人的分离而有所减弱。当勒弗伊晚年被亲人问及自己的情史时，他还心心念念地提及奥斯汀和当年的那段年少之爱。

而阿什福德自然会在心中留下更深的印记吧。毕竟，他们一度谈婚论嫁、交换信物，一波三折的恋情更是感人至深。

如果奥斯汀自私点、聪明点，也许结局会变得很不相同。无论是勒弗伊还是阿什福德似乎都没能完全理解他们的恋人，他们眼中的奥斯汀尽管卓尔不群，毕竟还是个会担心"人言可畏"的女子，才会有放弃私奔的结果。当然，奥斯汀的放弃有为对方家庭考虑的成分，这个在两位男士心中也许没那么重要，他们更愿意通过牺牲来证明恋情。

但是，奥斯汀心中对没有理智控制的恋情的隐隐担忧，他们或许是猜不到的，也许是一知半解的。奥斯汀是个心思细腻、敏感的女子，更有种悲天悯人的情怀和独特的价值观，不是每个人都能够完全透视到她的内心，即使是全心全意爱着她的人。

那种对未来稍有担忧的敏感在男人们看来或许是杞人忧天的，奥斯汀纤细如尘的心，有时候连她自己都无法完全把握，只是遵从内心情感的召唤，做出最符合内心意愿的决定。

很多人生活在自己的一方小小世界中，视野也极为狭小。只要获得一己的小幸福就感觉足够了，不关心别人过得怎么样，也从未对大自然有好奇心，不热衷于人际关系的交游。

人们要么太过自我，要么太过丧失自我。在有关自我的天平两端，总是容易失去平衡，陷入掉落下坠的命运。奥斯汀恰恰是一个很会调和的人，她的理想也势必会带着一种多方调和的聪明和务实，又不失典雅浪漫的诗意。我想，这才是奥斯汀对生活做出的最佳注解。

如若不然，她怎么会让自己的女主角们在爱情中受尽折磨，而不是一开始就纷纷收获幸福，只有经历一番风雨的洗礼，那份爱情才能称得上是坚定的、真正的爱吧。而若不给女主角们赢得爱情的机会，她又于心不忍，女人们就应当有赢得爱情的权利。

而实际生活中，她自己取缔了自己所拥有的权利，只因为她背负过重，思虑过多，便有些望而生畏地却步了，她甚至担心在她激烈的追求中失去了爱情本来的面目。

回忆太多，痛苦和甜蜜的拉锯战中孰是孰非，别说我太疯癫，只是旁人看不穿。爱情的事情，若非亲历，是很难理解当事人的爱恨痴缠的，所有的因缘际会，到头来不过是一个爱字。而有爱也不代表就真能成就什么，倾城之恋在张爱玲笔下不过是对爱情的极大嘲讽和求得稳妥的权宜之计。不能成就什么的，也不代表就不是真爱。

爱是一个难解的题目，能做的不过是如人饮水，冷暖自知。姑且在回忆中再一次爱着吧！

奥斯汀从未标榜自己是个聪明的女子，不然她不会让自己一次次地爱上，而又一次次地无疾而终地失去所爱。但她又不是愚蠢的，不然怎么会在唾手可得的爱情降临时毅然地规避自我呢？她想要守住爱情本来的面目。

## 刻薄：不为人知的倨傲

当今世界所留存的有关奥斯汀的画像，或许就要算是卡桑德拉所画的那幅神态有些倨傲的奥斯汀了吧。尽管奥斯汀的研究专家都对这幅不尽如人意的画像有诸多失望和挑剔，但专家们又不得不承认，这幅自然的素描也是唯一一张真正地画出奥斯汀特征的素描。而当奥斯汀的侄子想要把这幅画像放到他为姑妈所写的传记中时，几乎遭到了一致的温和的反对，大家对这个想法有种有待商榷的保留态度。

大概是奥斯汀的家人还是不大愿意这幅有些探询姿态的、冷冷的，甚至骄傲的奥斯汀呈现在世人面前，尽管这是她最真实的一面。

女人和男人的区别或许就在于对自己生活环境和外部事物的关注度。几乎无一例外的，女人们都喜欢就自己遇到的事情发表评论，表达自己的看法，即使是很细枝末节的事情，女人们也都能拿来评论一番。这种情况如果发生在一个普通的家庭妇女身上，大家可能会觉得无关痛痒，但是如果我们伟大的女作家简·奥斯汀也是个喜欢碎碎念，对生活的狭小天地甚至能发一通牢骚，这想必会让人有些失望吧。

奥斯汀本人确实没有公众想象中那么美好，甚至距离完美想象有些差强人意。这丝毫不影响她的个人魅力。不管是勒弗伊还是阿什福德，甚至那个未具名的偶然之爱的牧师，似乎都能对奥斯汀机敏的语言和对世界审慎的洞察表示钦佩和欣赏。

奥斯汀定在一次次的谈天说地中，表现出自己独特的见解和过人的才智。平庸在一定程度上总是与温和相联系，如果一个人总是说些无关痛痒的客气话，意味着他是一个没有深刻思想的人。而只有语出惊人才是有独立思想和人格的，奥斯汀就是这样的人，她对世界有深切的关注，所以才会偶尔发出那么尖刻的措辞和语言。

她有时候看到很多平庸的女人能够轻而易举地得到爱情，甚至会说出些忌妒言语，这是对为什么自己就无法收获幸福的质疑。看到有些女人为了金钱而屈居于一段门第婚姻之中，她会毫不留情地挖苦，认为这样的女人实在不够明智。

当然，我们完美主义的女作家对自己的时运不济，也多是通过一种有些过激的言语来发泄。这种牢骚，一方面是关乎性别的，女人们向来关注细微的事物，另一方面是关乎心灵的，只有一个细腻的灵魂才有见微知著的能力，才能从小事情上发掘出大意义，才会对生活偶有怨怼之情。

对男人来说，有吸引力的女人无非有两种，一种是不太聪明的，一种是太聪明的。奥斯汀显然属于后者。

情窦初开的奥斯汀和成熟从容的奥斯汀没有孰轻孰重,只是不同年龄段女作家面临爱情的不同状态而已。是理想主义的天真也好,还是理性主义的务实也罢,每一次爱情体验她都是独特的那个自己,给爱人和自己最好的恋情,精神之爱的交流总能带给奥斯汀很大的愉悦和快感。

恋爱中的小女人姿态,不但陶醉了恋人,也眩晕了自我。奥斯汀毕生都会铭记自己在恋爱中的样子,这种样子是她后来在任何一个场合中所不曾有过的。与家人相处她是懂事的女儿和妹妹,与侄女相处她是体贴的姑妈,与朋友相处是忠诚的友人。在她 40 多年的人生中,当一个恋爱中女人的时间合起来也不过两三年,却是她迄今最为珍贵的自我角色,也是最为少见的奥斯汀。

爱情中的奥斯汀可以肆无忌惮地表现自我的脆弱,可以真实袒露对于生活的态度,并没有诸多隐晦,可以表现自己的不可爱,而这本身就是一种值得珍惜的品德。

勒弗伊更多的是被奥斯汀的自然真诚所吸引,而阿什福德喜欢的便是她才华横溢的大脑和敏感多情的心灵。奥斯汀从不是一个完美的人,她感谢生命中有这两个男人的存在。

充斥着肤浅和市侩的滥情世界,从来是奥斯汀所鄙夷的,而虚伪的言词和繁琐的程序也让人感到厌倦。她心中肯定有过各种对自己生活的预设,最后在失去两个挚爱的男人之后,她的单身生活已经悄然拉开帷幕了。

其实,奥斯汀对单身生活的适应没有想象中困难,只是没有伴侣的照顾,没有同床共枕的灵肉合一,她所拥有的是一个个精神恋爱的片段。乐于单身生活是她的态度,她也希望广大女性不要对单身生活产生太大的恐慌。

为什么结婚才是女人爱情的唯一归宿呢？也许男女关系应该提倡一种宽容的态度，不结婚也没有多么地曲高和寡，不过是践行自我的生活态度而已。

但生活在那个时代的奥斯汀，即便有多么自我的想法，也很难摆脱生活的环境根深蒂固的影响。

所以奥斯汀会有她的尖刻，有她的不宽容。与喜欢说三道四的女人似乎无异。适婚年龄仍然养在深闺，也不过出过几次远门，一辈子就生活在大家族的庇护之下，看到身边的儿时玩伴相继步入婚姻生活，甚至自己的侄女们也都慢慢嫁了人，而自己依然是未婚之人，心中恐怕会有些失落和惆怅吧。

奥斯汀在两次私奔的时候，是享受过爱情的轰轰烈烈的。但这种生命中可遇不可求的激情只是昙花一现的美丽，必须要凝聚所有的力量，毕其功于一役，做短暂的开放，稍有延迟，就不会有预设的那种美丽。

要在激情中迸发，就要做好面临随之而来的平淡和死寂。而且这种平淡和死寂比我们预想得还要漫长难熬。

奥斯汀的崇拜者一定想不到，她几乎没有多少时间是在神圣的圣坛之上，她的生活平淡无聊到让人感到不可思议。尤其是没有爱情造访的日子中，除去写作，她生活中剩下的时间是可以随意排列组合的碎片，没有固定的意义，也没有先后的区别。

而现实生活不就是如此吗？试问，谁能保证自己每天的生活都轰轰烈烈的？再伟大的人物也不过是肉眼凡胎，终有生老病死，必须有饮食经济的日常用度的考虑。

一次次不眠的夜晚，一天天悠长的日子，她要靠什么熬过这平庸的生活？或许就是在这平庸中发现有独特的诗意吧，对各色人等的品头论足，让人们觉得奥斯汀是个寡淡的人。却不想能在这平庸生活中释放自己的生命能量，不也是一种安放内心的方式和诗意的表达吗？

诗意并不意味着要优美、淡定，而是能够在平庸中发觉生活的真谛，或许在对一个女人服饰的评价中就凸显了奥斯汀的审美水平，在对一个邻居行为方式的不认同中体现了奥斯汀的道德感，甚至在对其他女人得到美满婚姻的忌妒中表现出奥斯汀内心深处最激烈的纠结和对婚姻的矛盾态度。

当然，奥斯汀的刻薄或许也体现在挥剑斩情丝的果断中，这或许有些残忍，但毕竟是她给予自己爱情最好的归宿。拖沓扭怩的小女儿姿态，从不是能跟奥斯汀有任何关联的，她似乎总是有种冷冷的克制的表情，即使已经深爱，并矢志不移，她依然需要向恋人表达分手的决绝，因为她有自己对于爱情和人生的理解。这种解释与爱情无关，即使她要牺牲爱情无法成就婚姻，也意味着她曾深爱过。相反，只要一恋爱，她必当赴汤蹈火，是飞蛾扑火的执着，却有着克制激情的理性让她冷静思考，超然物外，这就是那个不一样的有些刻薄的奥斯汀。

奥斯汀研究者迈尔女士还是察觉到,奥斯汀"那双美丽的大眼睛里透露着不满和失望,那双欲笑的双唇,太薄,显得尖刻"。

## 邂逅：众里寻他千百度

肉眼凡胎的世人也会有想要扭转乾坤的妄想。

当你屈从于生活的重压而不得不从事自己不喜欢的事业，在日日煎熬的人生中丧失了热情；当你因为一次次不成功的经历而妄自菲薄，在颓废的下沉中无所适从；当你看到年华逝去的自己日渐枯槁的脸庞，想要回到过去重来一次；当你有无数次的可以不按照常理出牌活出真我，而你却一次次屈从于流俗选择了放弃……

人生总有无数个"当你"，也有无数个"不得不"。悔恨的泪水从不会在风华正茂的青春时代造访，而只会在你年老体衰的时刻悄然而至，让你痛苦，甚至希望像童话世界中的法力无边的巫师一样解决困境是你唯一的慰藉。

奥斯汀一定有过遗憾吧。像无数的世俗男女一样，在生命中某个静谧的时刻，会不会嫌弃这太过静谧的时空，希望能有人在耳边低语，轻轻地，温柔地，将奥斯汀拉回到俗世的快乐中，甚至和她一起度过一个糟糕的下午，一同分享成功的喜悦，在痛苦的阴霾中不说话，只借一个肩膀让她依靠，让她痛哭。有时候喧嚣并不是多么讨人厌的聒噪，反而能成为提醒当事人的生命律动的节奏。

当奥斯汀的人生面对那些千钧一发的"当你"时，她选择的是反抗"不得不"，却又在深思熟虑的理性之后选择了"不得不"作为自己灵魂的归宿。在和"不得不"几轮你死我活的争斗后，奥斯汀的屈从或许更像是一次商讨和妥协。她在大摇大摆将俗世法则踩在脚下之后，又以现实规则的名义，放弃了天平那端重于一切的爱情。

自从分别后，不管是弗勒伊还是阿什福德，似乎都没有和奥斯汀取得过再次的联系。曾经倚楼听风雨的互诉衷肠，成为了如今散落天涯的互不相问。奥斯汀在心中想必是早就想到这样的结果了，却还是心不甘情不愿的，心中残存着对过去的一丝眷恋，甚至期望着也许哪天会收到一封不具名的问候的信，不必署名她也能猜到是谁寄出的这意外的问候。

偶然在社交舞会上遇到一个长相酷似旧相识的英俊脸庞，内心有种奇特的情感在造次，这样的偶然竟叫人有些想入非非，当年是不是不该放弃呢？人有时候是不是就应当自私一些，那样的生活显然比起现在要轻松得多。

奥斯汀能理性处理家庭事务和生活上的突发状况，对终身不嫁的尴尬引来的流言也能泰然处之，似乎独独应付不来的是，心中偶尔涌现的一丝小女儿情致，一种女人才有的感性和温存。刘禹锡的《竹枝词二首·其一》与奥斯汀的矛盾心态可谓相得益彰。

杨柳青青江水平，闻郎江上唱歌声。

东边日出西边雨，道是无晴却有晴。

明明选择了放弃，却又在心底强自压抑着重温往日浪漫情怀的冲动，这不是要回到过去的妄念，只是希望过去好歹残存些证据来证明自己的存在，而不是消失得无影无踪，让人禁不住怀疑，往事种种究竟是大梦一场还是真实的存在？

是复杂的情感的角逐吗？奥斯汀最后以一种近乎激越的方式放逐了情感。将与阿什福德的书信往来和有关阿什福德的一切，通通抹去。而勒弗伊和她之间从没有什么书信往来，便不用再费气力去清除了，只有偶尔提到勒弗伊的只言片语的文字，姑且就放在那里吧。

那枚红宝石戒指，她却不知道该作何处置。这是奥斯汀生命中唯一的一次和爱人订立的婚约，尽管只是和阿什福德私下交换信物，而没有经过父母和公示天下的那一层，但在她心中，这是自己唯一的一次成为了准新娘。返还给阿什福德她不是没有想过，但那晚私奔之后，恋人间的彼此注视之下那种痛惜的感觉，却是她不忍视的。从来没见过有人能这么地伤心欲绝，似乎在奥斯汀决意返回的那一刻，阿什福德已经心如死灰了。她不敢也舍不得再在他本就鲜血淋漓的伤口上撒盐了，人生还有多少不能承受的痛楚，这个有待解答的问题最好还是别去触碰的好。物归原主不可能，扔掉又对自己交代不过去，只有偷偷藏起来。甚至要想尽一切办法，藏到一个连自己都不熟悉的地方，防止别人也防止自己找到。红宝石戒指就像是开启过去回忆大门的钥匙，只要不被发现，一切就相安无事；而一旦戴上它，便是过往回忆的无限泛滥和情感的无尽呻吟。

一切重要的文字书信都被清除了，又有些不舍。奥斯汀感到幸福的时刻终于来了，那就是在为自己所写的传记中记录曾经的爱情。这个过程显然没有想象中煎熬，而是一种弥补遗憾的绝佳方式。在文字中，那些夹杂着苦楚的甜蜜有滋有味，邂逅的、分手的、热恋的、误会的画面都清晰可辨，具备了各自独特的魅力。这是将线性的时间收藏了的魔法。

意识流大师普鲁斯特在自己的代表作《追忆似水年华》中表达了对于回忆和时间的看法。

我们听到他的名字不会感到肉体的痛苦，看到他的笔迹也不会发抖，我们不会为了在街上遇见他而改变我们的行程，情感现实逐渐地变成心理现实，成为我们精神现状：冷漠和遗忘。

……

生命只是一连串孤立的片刻，靠着回忆和幻想，许多意义浮现了，然后消失，消失之后又浮现，如一连串在海中跳跃的浪花。

很多人评价普鲁斯特的作品有不忍卒读之感，但文本中充斥着由生命中某个时间点发散开来的无数的散落在时间长河中的回忆，却每每让人动容。一小块再普通不过的小玛德莱娜蛋糕，一杯淡淡的午后红茶带来的味觉体验，都有把普鲁斯特拉回过去的神奇作用。每一件小物件都不单纯是一件东西，而仿若在阴暗的房间中迎风起舞，具有了独特的时间见证人的生命力。

奥斯汀的冷漠和遗忘是坚强生活的勇气，拒绝遗忘同样是为了赋予生活以意义。

普鲁斯特也好，奥斯汀也罢，都是以文字立言的伟大作家。比起奥斯汀轰轰烈烈的爱情轰然倒塌，重病缠身的普鲁斯特显然没有更幸福。但是就是在生命的不停的绝望感中，他们都不约而同地捕捉到了希望的星光。无论对现状有多不满，又有多嫌弃当下的生命体验，却总是能够在念及逝去的往事中看到生命的美好和希望所在。

遗憾的人生没有人喜欢，理想主义的人总是试图消灭人生中的残缺，以期能够臻于完美。却不想这次对于遗憾的消灭，不过是为下一次遗憾的出现埋下了伏笔，无论人们如何地奋力一搏，总无法摆脱如鬼魅般缠绕不息的遗憾的造访。

每个人的人生都有遗憾，重要的不是消灭遗憾产生的可能，这显然也是无法办到的，而是要学会面对遗憾、处理遗憾，在遗憾中体会到什么才是真正的生活。

## 理智：理性放弃成就的永恒

很多人都认为奥斯汀的小说创作不过是对几户人家家长里短的平淡生活的反映，似乎除了奥斯汀的粉丝或者研究专家外，没有人能真正看到奥斯汀小说中理性的光芒。

这种理性不只是体现在奥斯汀的小说和个人的人生选择中，而且几乎为广大女性提供了一个现实版的情感指南，奥斯汀对人性的深刻洞察和那双明明涉世不算太深却深邃无比的眼睛尤其使人难忘。

尽管勃朗特姐妹之一的夏洛蒂对奥斯汀颇有微词，但另外一个勃朗特姐妹艾米丽·勃朗特几乎是和奥斯汀如出一辙的深刻，都能够对人性进行深刻的解剖和感性成分的理性注视，谁能想到一辈子都没有谈过恋爱的艾米丽会在《呼啸山庄》中对男女的爱情有那么深入而一针见血的描摹，对人性又有那么让人不寒而栗的解读。比起艾米丽，奥斯汀唯一的出彩之处或许就是爱情经历的丰富，这方面奥斯汀似乎更受到上天的眷顾，有幸遇到此生挚爱。而小说表达上二者几乎是伯仲之间，而且不约而同将眼光放在自己生活的周遭，只是艾米丽是一种更加变形的表达方式，而奥斯汀用的是一种类似写实的清新小品文。

无怪乎在21世纪的今天，奥斯汀的各种副产品可以说是占据了大众文化产业的方方面面。电影电视就不必说了，几乎时隔几年就会有不同版本的奥斯汀原著小说改编而成的电影或电视剧问世，而无一例外地都受到大众的追捧。

奥斯汀的小说基本上都涉及爱情，这也使以其为名头的大众文学读物普及，涉及的内容主要是说透过奥斯汀和其笔下的人物，告知当今的女性该如何处理爱情问题。

而近日奥斯汀的衍生产品居然蔓延到了网游的领域，这款计划于2014年5月与玩家见面的名为"永远的简·奥斯汀"的网游，别出心裁地躲开传统网游打打杀杀的俗套，玩家几乎是过着一种奥斯汀式的生活，可以和其他玩家参加聚会、猜字谜、聊八卦家常。

显然，通过奥斯汀及其小说而产生的娱乐产业的开发，只是看到了奥斯汀小说中对日常生活的关注，这正投合当下大众的趣味，而奥斯汀的深刻却被有意规避了。

奥斯汀的深刻是其理性的生活态度。当然，这里所说的理性不是指的不爱动感情的冷漠无情，而是指的奥斯汀有自己坚定的价值观和原则，即使在人生遭遇重大变故和挫折的时候，一时的意乱情迷只是偶然和短暂，最终会根据自己成熟的心智做出判断。

如果没有一颗强大的心，奥斯汀怎么能够在两次私奔未遂的情况下还能够坦然自处，继续坚持自己奉若精神灯塔的文学写作，不媚俗，不妥协，也不脆弱。即使全世界的人都不理解她，她也能够我行我素。

都说认真的女人最具魅力。是的，女人的容貌、身材和所谓的清水出芙蓉的天真，不过是青春所赋予你的财富，有一天它们终将被岁月摧毁得面目全非，而一直存在却总被忽视的吸引人的魅力就在于认真二字了。

好在奥斯汀在自己年轻的时候就明白了，认真背后依托的是一颗理智的心。

谁都喜欢生活得特别精彩，不喜欢每天过的生活大同小异，不希望人生像是一个可以无限复制的循环。但现实的生活就是充满着琐屑、无聊、呆板、重复和机械。

爱情作为生活的一部分，也会变成它本来所从属的生活的样子，如果你要把爱情变成你的所有物。爱情惊涛骇浪的一面只能在偶然的时刻给你快慰和惊喜，而这快乐的偶然需要一段时间的平淡的积累。

虚无缥缈的爱情只是建立在一时的激情之上，真正的爱情是一种长久平淡所催生的激越。

奥斯汀在自己不算太丰富的爱情体验中，早已经体会出了个中滋味。她知道勒弗伊和她一样，是对彼此来说不可或缺的，甚至可以称得上是唯一了。因为这世界上有那么多男女，能有多大的几率使两个气味相投的人在对的时间和地点碰巧遇上呢？

张爱玲如是说："于千万人之中遇见你所要遇见的人，于千万年之中，时间的无涯的荒野里，没有早一步，也没有晚一步，刚巧赶上了，没有别的话可说，唯有轻轻地问一声：'噢，你也在这里？'"

年少之爱因为出现得太早，又太过顺利，在尽情享受爱意的时刻，只会觉得来日方长，往后的日子还长着呢，有种少年不识愁滋味的感觉。实际上，这段此生唯一的初恋却很快戛然而止了，所谓的私奔被奥斯汀及时放弃了。她明明是刚刚恋爱年轻的女孩，为何却能如此理智自持呢？

奥斯汀喜欢勒弗伊，跟他在一起的时光尽管短暂却让人特别快乐，两个年轻人总有说不完的话，即使特别平凡的事情，只要是和勒弗伊一起参加的，她都会觉得特别有趣。

而人生不过刚刚开始的奥斯汀，怎么可能为了一己之爱，硬要穿过横亘在两个家庭之间的巨大隔阂，况且勒弗伊是一个具有远大前途的男人。

他们的感情本就是轻松愉快的氛围下开始的，两个人的初恋过程也是轻松自然的约会、调情，这样曼妙轻松的感觉实在不该在私奔的阴影下荡然无存。过于年轻的他们，甚至不知道他们未来想要什么样的生活。

理性是她吸引勒弗伊的原因，也是迫使二人分开的原因。也许未来人生还有无数的可能，太过年轻的我们，总有千万个理由告诉我们，放弃是能够成全对方更好飞翔的动力，过于束缚的爱是拉线的风筝，拉得越紧，断得越快。

因为年轻，不会患得患失，未来的路还有很长，人生也还有无限的可能。不管是对自己，还是对恋人。过往的一切是促使他们一直前进的动力。试想下，有个人在人海中认出了你，给了你爱的尊重和关怀，随后拂袖而去，没有留下最终痕迹。你不是过分悲痛，因为毕竟过往的都是快乐，何苦要大哭一场呢？不如就且歌且行，在行路中祝福那个给了你美好感觉的人。这难道不是更皆大欢喜吗？

奥斯汀的理智一方面使她放弃了此生唯一的初恋，第一次爱的人就这样消失在人海里了；另一方面也成全了她的爱，他们成为了彼此心中永恒的爱人，独一无二，终生不渝。

奥斯汀成为了勒弗伊心中的永恒。勒弗依尽管此后结婚生子，经营着与奥斯汀全然无关的人生，也在心目中树立了一座高峰，高峰上供奉的正是与奥斯汀的爱情。不管世事如何变迁，都无法改变第一次介入彼此人生的特别，第一次怦然心动的悸动，第一次爱的人永远伫立在若即若离的位置上，让人牵挂却无法触碰。

恍若《诗经》中情郎对女子的牵挂，却总无法捕捉到伊人的倩影。

**蒹葭**

蒹葭苍苍，白露为霜。

所谓伊人，在水一方。

溯洄从之，道阻且长。

溯游从之，宛在水中央。

蒹葭萋萋，白露未晞。

所谓伊人，在水之湄。

溯洄从之，道阻且跻。

溯游从之，宛在水中坻。

蒹葭采采，白露未已。

所谓伊人,在水之涘。

溯洄从之,道阻且右。

溯游从之,宛在水中沚。

## 情感：感性召唤的终极浪漫

人们总倾向于将年龄、阅历和理智的程度划等号。如果一个人饱经风霜，就一定会特别冷静，而且对于情感还是刀枪不入的。一个不恰当的比喻是，久经风月场的风尘中人，在常人眼中肯定是无情无义的，不会真的陷入爱情。

奥斯汀却在自己将近三十岁的时候，给了上面的思维定势一个反证的例子，她对于阿什福德的爱情投入显然大于以往的任何一段，包括初恋。而在她最应该理性谈感情的时间，她却投入了更多的热情和情感，为爱痴狂。

陷得越深就越难自拔，感情的事情总是这样的成正比关系。当你倾其所有为一段爱情鸣唱赞歌的时刻，却发现所爱之人不过是海市蜃楼的倒影，那心中的悲戚可想而知。

奥斯汀的初恋是浅尝辄止的浪漫幻想曲，而这次谈婚论嫁的恋爱却是缠绵悱恻的多变奏交响曲。而在步入婚姻的触手可及的月亮闪耀光芒的迷醉时刻，却发现月亮终归是月亮，岂是凡夫俗子能够碰触的，最后不过是举头望明月的低回宛转中暗暗长歌当哭了。执着的人总不会轻易放弃。西西弗斯的诅咒也许就下给了执着的人，他们明明知道无法逃脱宿命，却仍要坚持不懈地努力，即使每次努力不过是上次努力的重复和循环。

如果让奥斯汀指出自己生命中最幸福的时刻，她会选择什么呢？是和勒弗伊在舞会上翩翩起舞的瞬间，还是和阿什福德坐上马车准备出走的跃跃欲试和对未来的憧憬？这二者本没有什么可比性，对奥斯汀来说，是不一样的幸福感。只是一个是一时的幸福的迷醉，而另一个是积蓄已久的苦尽甘来的幸福。

奥斯汀那时候真的想，这个选择是她人生的岔路口，一个选择能重要到改变一个人的一生。她本想即使是错也要将错就错，在本不该浪漫的年纪，她却选择了用最浪漫的方式结束这段恋情。她坐上了二人私奔的马车，却没有坚持到马车驶向终点的那个时刻，无法见证天长地久的幸福。

但能够走上这么一遭，又经历这么多的爱恨痴缠，有感动的泪水，有误解的冷漠，有误会冰释的温暖，有心心相印的默契……这些复杂的情感电流几乎是在同一时刻交汇出现，投射到奥斯汀那颗外表坚强和内心脆弱的玻璃心上。

只要你一个承诺，我就许你地老天荒。

往昔的诺言总是在耳边叨扰，心中狂躁的信号与这叨扰相呼应，一个声音总在召唤她，回来，回来，你快回来。如果真的有穿越时空的隧道，也许女作家真的会冒险一试，只为再经历一遍当年的那些刻骨铭心，即使还要顺带感受下分别时刻的撕心裂肺，那也是值得的。

情感的号召力总是有着人们难以料想的无穷大的能量。"情不知所起，一往而深。生者可以死，死可以生。生而不可与死，死而不可复生者，皆非情之至也。"

这是杜丽娘的爱情写照，为情生生死死，只为活出人生的真性情，摆脱世俗的束缚。

疾世愤俗的奥斯汀从很小的时候就有种遗世独立的味道，而到了二十几岁的年纪，又有幸和阿什福德心意相通，阿什福德也是一个决绝的情感卫士，甘愿为了奥斯汀和自己的未婚妻解除婚约。

回首往事的时刻，恐怕奥斯汀自己都难以相信，这样的不顾一切，这样的精诚所至，却等不到金石为开的那天。

奥斯汀不是一个太过愿意诉说的人，她的情愫多化成小说中女主角处理爱情的诸多反应和细节。她是想要人物代替自己说话，告诉读者：她哭，她笑，她哀，她怒……当然，最重要的是——她爱。

奥斯汀将自己和阿什福德让人焦灼不安的情感体验转嫁到她的人物埃莉诺身上，这个光彩照人的理想性格，是奥斯汀所极力赞扬的。可能是出于对埃莉诺这个人物的偏爱吧，她让埃莉诺也面对相爱之人已有婚约的事实，是对自己真实经历的小说版的再创造。不过幸运的是，埃莉诺是比奥斯汀本人要冷静的人，而阿什福德比起埃莉诺的心中所爱——爱德华要更加屈从于世俗。这当然不是孰是孰非、孰高孰低的问题。奥斯汀可能是为了让埃莉诺在艰难爱情前的冷静表现得更为全面，才不得已让爱德华出于责任感而勉强维持和露丝的婚约，并且将爱德华塑造成一个木讷、害羞、不大通风情的人。

而露丝显然是个狠角色，比起伊莎贝拉的主动放弃和阿什福德的婚约，露丝却在一次次的明示暗示中使埃莉诺的情感备受煎熬。但即使是这样巨大的困难，埃莉诺一旦把持不好自己感情的度，就很容易沦为一个受人诟病的第三者。埃莉诺不但能够很好地应对露丝的争风吃醋，而且在苦苦等待的赤诚和痴心中收获了最后的胜利果实。而攀高枝的露丝只有在确定爱德华将一无所有时，才主动退出。没有了金钱的保证，世故的露丝打了退堂鼓。

奥斯汀终于在自己的人物身上实现了她的爱情宏愿。她理想地解决了她和阿什福德这类棘手的爱情难题，她所用的方式，就是埃莉诺式的。但自己显然没有埃莉诺的理智，阿什福德也比爱德华更聪明坚定，这非但没有成全爱情，反倒断送了感情。当然，奥斯汀的小说中的其他因素也促成了埃莉诺和爱德华的结合，但这其中最重要的还是埃莉诺的坚持。

如果时光能够倒流，相信奥斯汀还是独一无二的自己，那个不那么理性的感性主义者，又悖论式地尊奉着理性。人生总需要那么多疯狂和爱恋激情，如果任何事情都能够以理智之心冷静待之，那人生突转和发现的乐趣又何在呢？

奥斯汀没有做到一直坚持，当坚持的土壤不复存在的时刻。因为阿什福德终归要迎娶那个他不爱的女人，而不是像爱德华一样终归会被轻佻的未婚妻放弃。阿什福德是幸运的，即使变得一文不名，还有两个女人愿意帮助他、爱护她。未婚妻感到阿什福德的可贵，希望能再续前缘；而奥斯汀是不想让阿什福德名誉受损并一贫如洗，所以只得放弃。但阿什福德的不幸在于他没有爱德华的木讷和好运气。

所以奥斯汀谈的注定是一场不那么理智的感情，她注定也成为不了埃莉诺，就像是阿什福德完全不同于爱德华一样。

奥斯汀也是不同于阿什福德的，奥斯汀的时代两性之间的生活有很大不同，女人可以孤注一掷地投入感情，全然不顾外部世界的变化，因为那时候的女人没有事业，能拥有的不过是爱情。但男人的世界却不能只有爱情。即使男人自己选择放弃并有这样的勇气和坚持，女人也会谨慎地考虑这样带来的代价，可能是毁灭性的，甚至足以毁灭一段感情。

奥斯汀的文学才华可以说是成就了她的小小事业，她成为了一个可以通过自己的文学创作挣钱的女作家，但微薄的收入实在不能解决什么实际的问题。

安妮·埃利奥特在《劝导》中抗争男人对女人的误解，很生动地指出了男人女人之间的不同。

我们关在家里，生活平淡，还备受感情的折磨。你们男人则不得不在外奔波。你们总有事业，有追求，有这样那样的事情要做，可以在转瞬间回到纷纭的世事之中，而不停的忙碌和变化就削弱了你们对女人的印象。

所以奥斯汀的感性是在理智要占领她之前的最后一次狂欢和放纵。她知道自己终归是要选择埃莉诺式的处理方式的，就是用理性去终结或者迎接一段恋情，但又不甘心就这样，所以便在未遂的私奔中享受了最美的甜蜜和梦幻的浪漫。

## 难挨而又亢奋的过往炎热：

我有过奇异的心血来潮，
我也敢坦然诉说
（不过，只能让情人听到）
我这儿发生过什么。

那时，我情人容光焕发，
像六月玫瑰的颜色；
晚间，在淡淡月光之下
我走向她那座茅舍。

我目不转睛，向明月注视，
走过辽阔的平芜；

我的马儿加快了步子,
踏上我心爱的小路。

我们来到了果园,接着
又登上一片山岭,
这时,月亮正徐徐坠落,
临近露西的屋顶。

我沉入一个温柔的美梦——
造化所赐的珍品!
我两眼始终牢牢望定
缓缓下坠的月轮。

我的马儿呵,不肯停蹄,
一步步奔跃向前:
只见那一轮明月,蓦地
沉落到茅屋后边。

什么怪念头,又痴又糊涂,
会溜入情人的头脑!
"天哪!"我向我自己惊呼,

"万一露西会死掉!"
——华兹华斯《我有过奇异的心血来潮》

在与情人幽会的小茅屋,还有果园、山顶,明月和马儿相伴,这清新美好的时刻,明月悄无声息地消失在茅屋之后,我们在美丽的爱情中沉沦,在温柔的美梦中不愿苏醒。我却不由得心血来潮,担心"露西有天会死掉"。露西是谁?是情人,还是约会的小茅屋主人的名字。

露西是小茅屋的主人,如果她不在了,这小茅屋也许明天也不会屹立于此,定会辜负我们美好的爱情。

这是华兹华斯对美妙生活心血来潮的担忧,这种心血来潮不是经常发生的,只会降落到获得真正幸福的人身上。

奥斯汀就体会过这样的心血来潮,这种心血来潮首先是由天气传达给她的燥热感,而这种燥热感渐渐地深入到人的五脏六腑,甚至直抵灵魂。

先从炎热的天气说起,英国人是最喜欢谈论天气的民族。在国外的社交礼仪中,谈论天气是极为稀松平常的事情,当然,天气也是一个极为稳妥而又安全的话题,是陌生人进行交谈必备的开场白,能够很好地杜绝社交活动中尴尬的气氛,这无疑也深得生性保守的英国人的心意,天气这个话题肯定不会涉及过分隐私的东西,不过是无关痛痒的几句话而已。

读者们肯定想象不到,奥斯汀在写给自己最亲爱的姐姐卡桑德拉的书信中,竟多次提到天气,这个才华横溢的女作家似乎对天气特别敏感。

天气有所好转,而我把这归功于我对它的描述,虽然你并没有抱怨,但我还是真心希望在凌晨四点的小船上，你未曾感到些微凉意。

——1808年7月1日，写给姐姐卡桑德拉

我认为爱德华过不了多久不用受炎热煎熬，我怀疑东北地区将会热起来。如你所料，我这里同你那里一样炎热。但我一点都没有感受到炎热，而是把它想象成这个国家的任何一件事物。所有的人都在谈论炎热，我视它为伦敦的一部分。

——1811年4月，于伦敦写给姐姐卡桑德拉

1816年，奥斯汀在写给表妹安娜的信中提到这一年是"无夏之年"，天气太过寒冷了。

属于温带海洋性气候的英国，常年温和湿润，四季的寒暑并不是特别分明。但在并不算寒冷的英伦，常年不歇的雨水和雾蒙蒙的天气，还是给了英伦绅士和淑女们很不一样的炎热体验。

鼎鼎大名的印象派绘画大师莫奈的作品尽管在绘画技巧上起革新潮流的引导作用，但其作品中模糊不清的景象和特有的朦胧之美，成为了英伦天气炎热潮湿的绝佳佐证。

奥斯汀喜欢讨论天气，而其所生活环境的天气的炎热变化，更是她所关注的。

炎热既是一种天气，也是一种情感体验。在炎热带给人们极为焦躁不安的情感体验的同时，也带来一种迷醉的、热烈的和奔放的情感。

从上面提到的信件中可知，奥斯汀对于炎热的忍耐程度稍稍高于常人，相对别人对炎热天气的怨声载道，她对炎热更有着一种天然的喜爱之情。

在奥斯汀笔下性格鲜明的女性群像中，尽管理性是她首要推崇的特质，但这丝毫不排斥那些女性形象的思维敏捷和口齿伶俐的灵动，这种活泼和灵动显然有种夏日狂欢的特质。

而奥斯汀本人的爱情相比她小说中人物们所经历的跌宕起伏，也丝毫不逊色。炙热的浓烈的情感体验，与雾都英国的天气带来的浓烈的炎热，相差无几。更进一步讲，奥斯汀的个性正如英伦天气一般，恒常的四季不分中带有一种浓烈的氤氲的暑气，这是推崇理智的奥斯汀性格中不时涌现的激情和春意。

过往的爱情体验是难挨的炎热，给人煎熬之感，却又能够时刻提醒人们敏感的神经和情绪，还会因为这些事情而感到煎熬或者痛楚，这也未必不是什么好事情。

奥斯汀生命中最强烈的两次痛楚总是在不期然的时刻悄然造访，她那本已经波澜不惊的心又要被叨扰了。

痛感是一种伴随着灼伤的热的疼，也是一种与炎热的体验相关的感觉。爱海滔滔本就是变幻莫测的，而浴火重生的凤凰涅槃的实现又需要借助这炙热的爱情的火海。有种痛并快乐着的体验才是真正的爱情，真正的爱不是肤浅的快乐，而是伴随着剧烈痛苦的快乐。

勒弗伊和阿什福德在不同的时刻造访奥斯汀日渐紧锁的心门，她本不想旧事重提，却在迈进中年的时刻，记忆中本来被尘封的模糊碎片又重组并清晰了起来。

那一年在迪恩小屋的回眸一笑，在华尔兹舞曲中裙裾飞扬的少女的娇羞和俊朗少年如炬的目光，匆匆走向马车而不忍告别的痛惜，那一年因误会出走伦敦的感性颓废，为她亲自戴上红宝石戒指的瞬间绯红的脸颊和迷醉的笑容，一封封相隔万里的鸿雁传书，还有那几乎已经成为定局的出走的中止……

一切的一切，犹如昨日重现，又好像相隔有一个世纪那样的漫长，时空交错和重叠的感觉让她有些犹疑，犹疑自己究竟是身处过去、未来还是现在。太多的回忆，太多的思念，也有太多的感情。

如果问奥斯汀笔下最让人印象深刻的女主角是谁，我想不是别人，正是奥斯汀自己。试问这世界上哪个女人能做到将一腔爱火深埋在理性的冰峰之下，在温和从容和激越尖刻中游走，并寻求着一个绝佳的平衡点。只有一个具有多层次情感空间、无法界定的灵魂，才配得上深刻和丰富的字眼吧。奥斯汀从不是一个能够随意解读的简单女性。

她在回忆中解读了自己，也重构了自己。

当局者迷，旁观者清。当时过境迁，跳出当年的情感迷雾，重新审视自我的时刻，奥斯汀才发现自己从未完全清醒过。她的清醒始终是带着一种稍有些理想主义的陶醉，如同她对于炎热特别的情感体验。

同样是英伦女作家，将天气和个人体验完美结合的还有勃朗特三姐妹中的艾米丽·勃朗特，她在自己的名作《呼啸山庄》中将寒冷的气候体验和人性的深刻描写联系了起来。

尽管艾米丽和简·奥斯汀同为英伦女作家，出生的时间不过相差几十年，对于英伦天气却有着不同的特殊体验。艾米丽凝聚自己家乡荒原的独特多风的微寒气候，转化成了她笔下高寒气候下人性的决绝和极端的爱恨，而奥斯汀用自己不畏炎热的坚强表示了拥抱热烈情感的洒脱不羁和对世俗生活的体察入微。

热烈有若狂风之势的爱情的席卷，总是有着战无不胜的力量，不然的话，奥斯汀也不会一次次在爱情苦战中丢盔弃甲。她输掉了自己对于炎热最后一丝的抵抗力。即使最为平和的舒缓古典音乐响彻耳畔，还念念不忘那些年以及那些人。

# CHAPTER

## 不嫁 07 ♥
## 失去了爱情我只好守住内心

　　借用托尔斯泰对家庭的描述，"单身者的幸福自有她的隐忧，正如已婚者的幸福自有她的烦恼。"结婚与否都不能永葆此生幸福不衰，而选择不嫁的奥斯汀却在安于内心的不嫁中找到了灵魂栖息的最佳方式。尽管这种单身选择并不是那么轻松，甚至不时有苦涩之感，但她依然甘之如饴。

# 弃约：放弃财产丰厚的求婚者

27岁的奥斯汀，也许从未想过有人愿意向她求婚，她似乎已经做好终老一生的打算。27岁的她，渐渐地有些不修边幅了，作为女作家的奥斯汀是才高八斗的，但作为女人似乎欠缺了些女人味儿。或许是因为热烈的爱让她有些筋疲力尽，尽管极力维持良好的仪态，却还是让人洞悉她眼中闪烁着的有些疲惫的光芒。

投入恋爱的热情越高涨，有时候反而会冷却得越快。陷入得越深，往往越难以自拔。奥斯汀竟把这两个看似矛盾的悖论统一了，她既然已经连续两次让真爱从自己的指尖溜走，这足以证明她已经不想再拥有所谓真爱了，心中有真爱的位置，这对她而言已经足够了，过多的奢求会带来更多的伤痛。

即使是才华横溢的女作家也需要有男人的依靠，这本无可厚非，尤其是过去的时代女性在各方面的不自由，就更需要男人的照顾才能更好地生存于世。

李清照与自己琴瑟和鸣的丈夫赵明诚阴阳相隔，而又在颠沛流离的南下之中无所依靠，不得已而再婚，只想有个可靠的男人，可以一同完成先夫的遗志。却不想所托非人，再嫁的张汝舟只是觊觎李清照的钱财而已。

一代才女李清照因孤苦无依，竟将自己托付给这样的男子，这不能不说是她人生的一大失误。奥斯汀幸而没有步李清照的后尘，在一次门第婚姻的诱惑面前保持清醒理智，最终放弃了财产丰厚的求婚者，只为求得内心的安宁。

1802年11月，卡桑德拉和奥斯汀来到好友比格小姐的家中，寄住了一段时间，她们和比格韦瑟一家相处得非常融洽。比格小姐的父亲比格先生对奥斯汀的才华和伶俐很有好感，尽管她已经27岁，但还是一个充满活力的姑娘。而比格小姐的兄弟哈里斯，和自己的父亲和姐姐一样，也很喜欢这个活泼有趣的女孩。

本来愉快的氛围却不知怎么的被打破了。奥斯汀姐妹在12月3日的大清早就出现在了斯蒂文顿，强烈要求哥哥詹姆斯送她们回到巴斯的家。詹姆斯再三追问，可是两个女孩都没有说明，他只得托人去代替他处理工作上的事务，将两个妹妹送到了巴斯的家。

后来大家才明白事情的来龙去脉。原来是比格先生的儿子——曼妮道庄园的少主人哈里斯向奥斯汀求婚了。

当然，哈里斯并不是像李清照再嫁的张汝舟那样的无行文人，而是一个善良单纯的男孩子，而且对奥斯汀有种近乎崇拜的依恋。

奥斯汀似乎是在一种愉快和精神亢奋的情况下接受了哈里斯的求婚。她那时候没有想那么多，只觉得哈里斯会是个好丈夫，自己的生活也确实需要一个丈夫。加上姐姐卡桑德拉也在极力怂恿此事，这些因素都对奥斯汀产生了影响。

本来是件皆大欢喜的事情。芳龄27岁的奥斯汀能够征服一个21岁青年的心，可见奥斯汀的魅力实在不浅。而她对哈里斯的影响主要体现在她活泼又不乏成熟的个性，让自小有口吃毛病的哈里斯勇敢开口，他克服了口吃，发音清晰地向她表达了爱意。

自小就认识哈里斯的奥斯汀当时也会有一种特别的感动，无关乎爱情，不过是人与人之间的一种温情吧。

于奥斯汀而言，哈里斯或许是她最后的机会，到她快30岁的时候，她不敢奢望还会有人爱上她、向她求婚。当时，她有种被冲昏头脑的感觉，世俗的考虑一时之间占了上风，她就这么答应了一个比自己小六岁的男孩的求婚。

到了第二天早上，奥斯汀似乎意识到了自己前一晚上的冲动和草率，实在不能随便答应一个男人的求婚，没有爱情的婚姻从来都是她嗤之以鼻的，她从来都是一个忠实于自己内心的女子。这次居然破例了。是向世俗屈从了，还是向自我的软弱和媚俗妥协？

她反悔了，而且她将这个决定第一时间告诉了哈里斯。因为她不想再一错再错，一旦铸成大错，就再没有回旋的余地了。前一晚答应对方的求婚已经是草率了，现在如果迟迟拖延到最后结婚之后再反悔，那就为时已晚了。

就算是厚着脸皮，她还是说出了自己的决定，收回同意嫁给哈里斯的那些话。就权当自己是头脑发热吧。

比格一家对奥斯汀姐妹还是比较宽容的，没有过多地责备她。但越是如此，在婚事上出尔反尔的奥斯汀越是感到无地自容的窘迫，所以姐妹二人完全没有了游玩的兴致，一大早就匆匆离开了比格家。

就连一向支持奥斯汀的卡桑德拉，事后也在信中这样说道："她实在不应该在前一晚说'好'的，但第二天早上她取消自己许下的承诺时，我尊重她的决定。"

好在卡桑德拉还是理解妹妹的，理解她也有软弱的时候，也有想要一种烟火生活的渴望，奥斯汀始终是个女人，总是摆出一副坚强的面孔有时候太累了。但奥斯汀的母亲似乎并没有姐姐这么豁达，她责怪奥斯汀没有把握住自己的幸福。

对于大龄单身女人来说，有比你年轻富有的男人追求你，已经算是很大的幸运了，更何况还谈婚论嫁，奥斯汀老妇人怎么也不理解自己女儿的这种坚持。她的观念总归是更加保守和传统的，也许会相信人们婚后再培养情感的论调，但这种话却是奥斯汀深恶痛绝的。

再加上奥斯汀的父亲体力越来越差，不可能一辈子照顾她，奥斯汀老太太更觉得女人应该为家人考虑，也为自己考虑，选择结婚，让丈夫承担照顾她一生的重任。

显然，哈里斯家资颇厚，是一个理想的结婚人选。

再好的人生如果不是自己想要的，奥斯汀也不会接受。她知道如果嫁给哈里斯的话，那对她就意味着对自我的背叛。仅仅根据经济利益来选择结婚对象而不考虑个人情感，那人和市场上待售的物品又有什么区别呢？

让母亲去责备吧，奥斯汀打算即使后半生都要听母亲不绝于耳的唠叨，也好过同床异梦地和一个不爱的人组织家庭。

这个仅仅维持了两天的婚约，想必是闹得满城风雨吧。奥斯汀本来就承受了不少的压力，有些冷嘲热讽估计是少不了的。好在家人对她一直很好，母亲的刀子嘴也多是出于一颗爱她的心。而如今又出了这样的一桩事，大家肯定会有各种空穴来风或捕风捉影的揣测吧。和她不太相熟的人可能会觉得她是有些另类的怪人，而相熟的人会嘲笑她的天真和不谙世事吧，何必要在婚姻上太过执着于爱情呢？

奥斯汀不去理会世俗的讨论和争议，即使有更难听和恶毒的言论，她也有一颗强大的心去承受。

这一点上她比阮玲玉要坚强得多，在无力收拾残局的新欢旧爱的夹击中，阮玲玉有些力不从心，而媒体的跟踪报道和舆论压力更让阮玲玉恐惧，她在25岁就服毒自杀了，留下的遗书中提到"人言可畏"四个字，让人忍不住唏嘘感叹。

坚强的奥斯汀没有阮玲玉在浮华娱乐圈摸爬滚打的经历，更没有所托非人的怨气。奥斯汀面临的敌人是无形的，但似乎更加强大，她反对的绝不是阮玲玉口中的"人言可畏"，而是时代的陋习和婚姻市场的交易。而这种无形的对立面，偶尔跳出来，甚至有时候诱惑她放弃自己的原则，比如答应哈里斯的求婚，幸好她内心中始终有对真爱的捍卫，才不至于成为自己所反对的门第婚姻的牺牲品。

奥斯汀是清醒的，也是坚强的，尽管偶尔也会向自我的软弱屈服，但却在关键时刻战胜人性固有的缺陷，安于自我的孤贫生活，坚守原则，始终追求建立在爱情基础上的无瑕婚姻。

## 沉默：固守内心的沉默是金

有句话说得很好，女人在不同的时期有不同的美丽和芬芳。最好的状态是在什么年龄，就做最适合这个年龄做的事情。比如结婚，生子……奥斯汀在对自我的期待中，或许也没想到自己会最终成为一个终身不嫁的女人，无缘享受一般女人都能享受到的婚姻生活，这是多大的一种缺失啊！更无缘感受成为人妻、人母的喜悦，只得在自己虚构的文学王国里，享受着作为文学之母的乐趣。

她逐渐苍老的容颜和眼角渐渐爬上的皱纹，经年不变的装束和旁人看来不合时宜的表情，在生活中极为可能成为人们议论甚至嘲笑的对象。英国那时候的社会风气还是相对保守的，尽管已经有启蒙的东风缓缓袭来，工业革命的号角也逐渐要奏响了。女人到年纪不结婚还在家中靠兄长接济照顾，毕竟不算是多体面的事情。

待嫁的女人有两种可能，一种是曲高和寡，总希望找到理想爱人，而遍寻未果又不愿意低就；另一种就是资质平平，始终无法获得异性的青睐而只得孤独终老。

奥斯汀显然是风姿绰约的，她的曲高和寡或许会成为人们议论的焦点，认为她定是自居才高而一心要攀高枝。

旁人的眼光和议论是不会影响到奥斯汀强大的内心的，只是在偶然情绪起伏不定和情感脆弱的时刻，这样微不足道的伤害却也有放大的趋势，是微微撒在伤口上的细小的盐粒，轻微的灼痛，不足以痛彻心扉，却又让人坐立难安。

坚强的奥斯汀在苦苦挨过生命中这样脆弱的时刻后，依然故我地生活、写作，并能够很好地经营她和家人的生活。

奥斯汀的家务做得很好，在家中也一直是表现得能干机灵，各方面的才艺也都具备，却不具备做一个母亲的基本素养，甚至连抱个孩子都会四肢僵硬，看起来特别别扭。她有太多抱孩子的机会，这么多哥哥们相继成家，可爱的侄女和侄子们相继出生，但似乎连她自己都有些刻意回避吧。

母亲和奥斯汀的对峙似乎早已经产生。卡桑德拉也待在家中，但母亲对卡桑德拉似乎没有那么严苛，也许是因为她因未婚夫病死才不得结婚的，毕竟她曾经有过婚约，而且这种悲惨的经历让人疼惜，加上卡桑德拉的个性比较温和。奥斯汀则不同，她从没有跟谁有过婚约，唯一的一次居然在第二天就悔婚了，这叫老母亲对女儿特别失望，婚姻可不是儿戏，怎么能随便答应又随便反悔呢。

而奥斯汀的才华横溢和锋芒毕露的个性，都是让母亲头疼的吧。女子无才便是德，这句话还是很受老人家推崇的，而小说的写作也不是什么大才，让人觉得不务正业。

奥斯汀当年偷偷写作的经历或许也跟家人的不同态度有关吧。父亲自然是支持她的，而其他人的态度就不一定了。奥斯汀的母亲作为一个传统的大家闺秀，估计是不太赞成女儿做这些抛头露面的事情的，这与社交生活的交游是有本质区别的。

奥斯汀的婚约和之前的几次恋爱，也造成了一定的影响，毕竟她居住的地方不过就那么几户人家。面子上挂不住的感觉总会有的，一个女人和几个男人产生恋情，却最终无法成就一段婚姻，这让人不得不思考是不是女方的问题了。

舆论的压力还是有的，奥斯汀肯定听到过别人对她的评价，或者间接从朋友的耳中了解到。奥斯汀家这一对不嫁的姐妹，容易成为人们茶余饭后的谈资。加上后来奥斯汀文学作家的身份曝光，更让人对她多了一层好奇心。

欣赏奥斯汀的男士也是有的，但似乎再没人爱上她了，她也没有再爱上过任何人。

她似乎陷入了一种沉默的状态中，她不但不去挣脱，还在这种沉默中感到极大的乐趣。

何必去解释呢？有时候过多的解释反而有画蛇添足的感觉。我们的女作家奥斯汀已经在写作中释放了过多的言说激情，似乎并不急于跟相熟的人解释自己为什么到现在还没嫁出去。

这也实在没有什么好说的。不过是一个女人内心隐密的情感而已。她似乎更喜欢自己消化掉这情感，旁人怎能明白她细腻骄傲的心呢？

即便是卡桑德拉，也不会和奥斯汀的想法永远一致。当时她就曾经劝说奥斯汀嫁给哈里斯，认为这是很现实的一个选择，对大家都有好处。奥斯汀最终还是忠实于自己那颗不怎么现实的心。

当奥斯汀被人谈及时，不了解她的人，甚至会觉得她只是个造梦师，具备给别人造梦的能力，却没有给自己幸福的本事。曾经拥有过幸福的奥斯汀，不会去纠结没有结果的伤痛，而只会在沉默中暗暗告诉自己：既然选择了远方，就不怕风雨兼程。

其实单身也没有什么不好，只是不管是什么时代，人们似乎都很难容忍那些和大众不同的鹤立鸡群的人，似乎觉得那就是一种向公共宣战的姿态。其实根本没有所谓的硝烟和炮火，那些独特的个体不过是在坚守或者迷失中变得不同而已。奥斯汀显然是因为前者。

沉默是金。奥斯汀明白，再多的言语终归是苍白的，母亲显然对奥斯汀的悔婚怨声载道。这毕竟也是改善家庭经济的一个绝佳机会，而奥斯汀的拒绝，就是断送了母女三人生活更有保障的机会。没有了父亲，兄长们能做的也有限，奥斯汀和母亲、姐姐三人只能解决基本的生活问题，距离有保障的生活还相去甚远，甚至这样的家境能有求婚者就已经是天上掉馅饼了，却不想奥斯汀接到了又转手扔掉了这个馅饼。

邻里的鄙夷的、好奇的或者探询的目光也不会让我们的女作家妥协。不过是云淡风轻的一个人的生活，没有什么可担惊受怕的，她对生活的要求从来也没有多高，衣食无忧即可。但从另一个角度看的话，她又对生活的要求太高，是对精神自由的高度渴求，要云淡风轻，自由自在，有足够的自由。

　　奥斯汀是希望自己沉默的，不然也不会让卡桑德拉在自己死后烧掉大部分的信件，她只是不希望后人对她的生活过分关注，大家只需要读读她的作品就可以了。对作家私生活的关注有时候甚至会喧宾夺主，使读者丧失对作家作品本来兴趣盎然的感觉。

## 自由：温馨而残酷的灵魂港湾

匈牙利爱国诗人裴多菲的《自由与爱情》是对奥斯汀人生轨迹的最好诠释："生命诚可贵，爱情价更高，若为自由顾，两者皆可抛。"对于理想主义的革命战士裴多菲而言，没有什么比自由更能激发人对美好未来的想象了。奥斯汀，用自己短短的四十一年的人生，书写了一曲自由与爱情之歌。作为一名关注19世纪英伦乡村男女情感与婚姻的女性作家，奥斯汀本人的情感世界是极细腻而又敏感的，但她又绝没有小女子做作的柔情，坦然接受独身一生的宿命，只为了缅怀那错过的爱情，嘲讽世俗的功利婚姻。

奥斯汀绝不是一个简单的所谓女权主义者，她不是没有那种良人在侧的美好愿望，甚至在她所有的小说中，她都给自己的男女主人公设定了一个爱情和财富兼得的美好结局。

达西和伊丽莎白在经过傲慢和偏见的蹉跎后终于共结连理，爱玛在经过一次次自作聪明的红娘经历后才恍然知晓所爱即在眼前，甚至安妮与温特沃思在八年的怨怼之后也破镜重圆、鸳梦重温。奥斯汀的确是聪明的，知晓这个世界上一个女人再强大，如果没有了爱情，经历的不完整的人生不过是一场令人唏嘘、可悲可叹的。所以，女人们都有幻想王子的权利，即使这王子不过是镜中花、水中月。在BBC制作的电影《简·奥斯汀的遗憾》中，奥斯汀曾经理智地宣称：完美情人达西先生是不存在的，即使存在，她也不会嫁给他。

《理智与情感》不仅仅是奥斯汀的一篇作品，更是她内心中炽热的激情和理性的克制的对决。理想主义的天真，沉浸在对异性美好幻想的恋情，从不能保证爱的激情一生永存；而理智地拆穿现世的苍白与平庸，悄然放逐独立的人格，以高洁的姿态坚持出淤泥而不染，其中的自苦和自怜，旁人又怎么会知道呢？

奥斯汀赞赏的是理智和情感兼而有之的埃莉诺，这是奥斯汀小说中的理想主人公。试问，奥斯汀不愿委屈自己而终身未嫁，不也是理智与情感角逐的现实版吗？只是在这场角逐中，是奥斯汀自己的独角戏，对于那缺席的完美先生的召唤不过是一种自我慰藉。在她人生的最后时光，陪伴其侧的不过是熟悉的寂寞和宁静的孤独。

奥斯汀曾经年轻过，在20岁的年纪经历了最刻骨铭心的初恋，在浪漫痴缠的情爱时空中飘然，却不想现实的残酷与无情粉碎了最初的爱。而追求灵魂独立的奥斯汀却从未学会从挫折中变得强大而无情，在内心经过自由和世俗束缚的几许角逐后，放弃嫁给一个有钱却无爱的求婚者。

而在稍后的阿什福德先生带给她的爱情体验中，她真正体会到了何谓相知相许的爱情，甚至一度期望过能够将理想爱情带入婚姻，却不想又是一次乌托邦的预演。她仿若不小心坠落凡间的天使，只要不谈世俗生活，谈谈纯粹的爱情，还能够轰轰烈烈，一旦沾染上世俗生活，要将这爱情化作伴侣永远在侧的婚姻生活，便总是无法达成夙愿。

她注定是无法完全进入世俗生活的，世俗生活会让她产生惯性，而无法独立思考，从而丧失自由。

最终，奥斯汀选择了自由。

稍有才华的女子总免不了有一颗七窍玲珑心。奥斯汀的父母若泉下有知，定会后悔自己给了女儿太多的艺术熏陶，甚至无形中告诉了她比成为一个举止得体的淑女更为深刻的道理：成为一个自由的人。

在21世纪的今天，奥斯汀的独身选择无疑戳中了宁缺毋滥的未婚女青年的脆弱神经，更为她们树立了一个超越时空的完美榜样。不是不要爱情和婚姻，而是不想将就。不是要做不食人间烟火的仙女，只是希望能在苍茫浮世中求得内心的安稳。

自由是一个美妙的字眼，有一种不受任何约束的百无禁忌的畅快和洒脱。奥斯汀沉浸在自我内心世界的快乐中，尝到了孤独的甜头。

自由和孤独是并蒂而开的莲花，集荷之精华于一身，是珍惜而鲜有的美丽。奥斯汀便是那一株于池塘间寂寞盛开的并蒂莲花，无须过多的惊叹，她亦会坚持自我开放的方式，拥有超尘脱俗的风情。

1801年至1806年，奥斯汀随家人定居于巴斯小城，在这座有着鲜明的古罗马文化印记的小城里，奥斯汀在享受宁静的人生时刻的同时，陆续书写了以巴斯为背景的脍炙人口的几部作品。一座偏离商业中心的小屋，成了奥斯汀灵魂的栖息地。

自由带给人内心的感觉是无欲无求的平静，在经历过少不更事的两段轰轰烈烈的恋情后，奥斯汀将心放得很低、很低，这种姿态是人生的一种放松状态。这大概就是理智的好处吧。所以，她可以沉下心来编织绅士和淑女们啼笑皆非又妙趣横生的姻缘故事，为所有的英伦女人重新找回了青春和梦想的记忆。因为奥斯汀，青春不朽，爱情不朽。

而奥斯汀在给所有女人编织爱情乌托邦的同时，付出的代价是献出青春，以此作为乌托邦的最好祭奠。可她不悔，如果人生能够重来一次，相信奥斯汀还是以近乎执拗的固执宣称，恰如当年徐志摩矢志不渝的誓言：我将于茫茫人海中访我唯一灵魂之伴侣，得之，我幸；失之，我命。

奥斯汀的超脱便是在这失之交臂的命运之后选择的独立姿态。

她从不是一个故作高深的作家，笔尖下的小小世界从未有风起云涌的政治风波，甚至被一些人嗤笑为不够正统。可是，在对中产阶级绅士淑女情感的曲折描写中，却常常见到奥斯汀对人性的深刻解读。

然而自由从不是个轻飘飘的字眼，自由更似一轮残酷的可望不可即的月光，是执着逐日的夸父不曾拥抱的温暖。

当女人们围坐聊起主妇生活的细枝末节，当奥斯汀看到哥哥儿女成群、绕膝环绕的场景，当奥斯汀看到姐姐同样日益苍老而孤独的背影时，内心深处想必会有些许的不易察觉的艳羡和凄凉。蓦然回首，独树一帜的小说世界对应的竟是自己枯槁孤绝的一生。

短暂的感叹之后，奥斯汀会收拾起翩翩凋零的感伤，继续在温馨而残酷的自由中果敢前行。

当奥斯汀得知摄政王是自己的忠实粉丝，摄政王的图书管理员建议自己写一篇题材宏大的作品，她固执地在回信中回应道："我不写传奇。我必须保持自己的风格，继续走自己的路，虽然在这条路上我可能永不会再获成功。我却相信在别的路上我将彻底失败。"

　　这回应不只对应奥斯汀的小说创作，更是其对自己人生选择的坚守。她不写传奇，也不是传奇，却在坚持自我的过程中成为了传奇。只有义无反顾以失败为代价的坚持，才会成就大放异彩的成功。

# 孤独：人类永恒的疾病

在芸芸众生的人海里，

你敢否与世隔绝，独善其身？

任周围的人们闹腾，

你却漠不关心；冷落，孤寂，

像一朵花在荒凉的沙漠里，

不愿向着微风吐馨？

……

他微笑——这是悲哀的最严厉的讽刺；

他说话——冷冷的言词，不是从灵魂流露，

他和别人一样行动，吃着美味的食物；

然而，然而他盼望——虽然又害怕——死；

他渴望抵达，虽然又像要逃避

那灰色生涯的最终的归宿。

——雪莱《孤独者》

和爱情一样，孤独也是人类永恒的主题。不同的人对孤独有不同的感觉。有人甘之如饴，能恣意享受一个人的时光，远离世事的喧嚣。有人却在这种遗世独立的孤独中丧失了自我，无法远离人群的痛苦而让人愁肠百结。心若不宁静，孤独只是疾病，只是灾难。

人类的社会性总是告诫个体，要想获得世俗意义上的美好，必须要摈弃孤独，融入人群。而总有那么零星的几个叛逆的个体，对于世俗的规范和条条框框置若罔闻，只我行我素，不期许也不失落，最后在拥抱孤独之后也获得了极大的快乐。

奥斯汀是享受一个人的时光的。可以随意地走走停停，在喜欢的碧绿的草地上一坐就是一个下午，肆意享受着午后阳光的温暖，微微眯着双眼，两臂伸直，放松。或者闻闻花香，看几朵娇艳欲滴的鲜花在和煦的春风中盛开，是人比花美，还是花与人相映红。坐在庭前的光影间，翻看几页小说，或者朗诵几首清新的小诗，比如考铂的诗歌，这是父亲生前最喜欢给家人朗诵的诗歌，奥斯汀在春日之中定能想到《冬日漫步》诗篇中诗人联想到春天的那几句诗歌：金莲花，金芒万丈；山梅花，洁白无瑕。

能够享受孤独时光是一种能力，不是人人都能安于一个人的淡然，甚至安于过分平淡的日子。奥斯汀肯定想不到，就在她逝世的同一年，一个和她一样喜欢孤独的人在美国出生了，他就是美国19世纪的著名作家亨利·戴维·梭罗。梭罗有两年的时间独自一人居住在鲜有人烟的瓦尔登湖，从事体力劳动，亲近自然，在对孤独的享受中沉思社会和人生，在与自然的亲密接触中思考哲学问题。

也只有在这样的和自我独处的静默时光中，与自然充分地接触亲近，梭罗才得以在这两年的体验中产生对人生的独特理解，写成沉思录性质的《瓦尔登湖》，从而名耀千古。

但凡能够出类拔萃的人物，都是能够在孤独中反思人生和提升自我的。他们似乎从未对孤独有过太多的恐惧，和自己约会，和自己谈心，无拘无束。还能够深入自然的腹地，游湖划船，采风郊游，还能够随时捕捉突然而来的灵感而诉诸笔端。孤独意味着你只拥有你自己，你是自己完全的主人，可以完全不受打扰沉浸在自我的世界中。但这个自我又是开放的，似乎随时准备着和自然、社会还有人生打交道。

不管是奥斯汀还是梭罗，都在孤独的单身生活中感到了灵魂的极大快慰，没有过多的蜚短流长，不用去和世俗迎合，更不必伪装自我。真实的灵魂总是在孤独的情境下才会自由地和自我对话。

而单身女人的最大乐趣恐怕也在于此吧。尽管奥斯汀一生都没有出嫁，她也曾经怨恨过这样一文不名的潦倒生活吧，对挣钱也有强烈的渴求，但不是出于拜金，只是希望能够改善自己和家人的生活状况的责任感使然。试想下，如果奥斯汀能够嫁到一个起码是门户登对的人家，也是为家庭做了贡献了，起码父亲和哥哥就不必继续承担供养她的费用，那时候只要稍微体面些的人家是不会让女人出去工作的。而以奥斯汀的才色双馨，肯定不会草草出嫁的，有钱的绅士曾经向她求婚，只是她不愿意接受屈从于金钱的婚姻，而如果嫁到这样的人家肯定能接济娘家人的。

1814年，奥斯汀在写给侄女范尼的信中，还表达了自己因为出版图书《曼斯菲尔德庄园》挣到钱的喜悦。

《曼斯菲尔德庄园》第一版已经全部卖光了，你听到这个消息一定非常高兴吧。你的叔叔亨利希望我到城里去商定一下再版的事情……我挺贪心的，想赚更多的钱。我知道你一向对钱不太在意，所以也就不多说了，以免让你烦心。

——给范尼·奈特的信

这种对金钱的渴求恰恰证明了奥斯汀的孤独生活未免有些沉重。她不是那种不食人间烟火的精神贵族，也要为家人和自己的物质生活忧心忡忡。写作虽然挣到了些钱，却远远无法满足她的生活需求，她还是靠父亲死后留给她的微薄的年收入和哥哥们的接济生活。

当一个人不去担心物质生活而去追求所谓的孤独人生的话，在我们看来或许还不是多么值得尊敬，而一个人的孤独生活的代价是贫穷的话，这就让人肃然起敬了。而本来不被允许去工作的奥斯汀，能够通过自己的才华来创造财富，不能不说是坚强新女性的典范。

有多少人能同时承受住孤独和贫穷的双重打击而不丧失独立的人格呢？人的转变有时候是一蹴而就的，只需要生活环境的一个改变，便能彻底颠覆一个人的价值观和信仰。

匍匐在权利和金钱之下的文人不是没有，古今中外这样的例子时有发生，当文人为某种世俗的热望所俘获，手中自由的笔杆子成为了获得利益的工具时，这样的人体会到的便只有寂寞，而没有孤独了。

幸而奥斯汀是坚强的孤独者，多数时候她能够从孤独和生活的良性互动中好好生活，虽然偶尔有些许苍凉的落寞之感，但不过是浮光掠影，始终无法阻挡奥斯汀心中对孤独生活背后独立人生的向往。

"单身女人都有种要把自己推入悲惨境地的可怕倾向，而这种论调对那些支持婚姻体制的人来说是极具争议的。"

这是奥斯汀的一句名言，意思很明朗，单身女人似乎随时都有种自我毁灭的风险，而这种风险对于支持婚姻的人来说也不是一锤定音的，有着各种的争议和可能性。而其中的潜台词是：一个坚强独立的单身女人，自然也有扭转乾坤的能力，能让支持婚姻体制的人刮目相看。

奥斯汀显然是后者。她用孤独谱写了一曲单身女人的激昂之歌，单身生活的孤独并不是不可承受的凄苦，也有旁人无法了解的柳暗花明和朗朗星空。如果一个女人单身，还是不要因为婚姻的焦虑而过早接受一段婚姻，将自我贸然交付给一个家庭的组建并不是明智之举。女人一旦拥有了婚姻，就意味着本来完完全全的自我开始退场，将要为家庭、丈夫和孩子腾出一定的空间。在收获婚姻幸福和不再寂寞的美满时刻，却丧失了最好的孤独时光。

这里自然不是反婚姻论调，不过是客观公允地提出孤独的单身生活和婚姻生活的区别。而奥斯汀的人生是前者的典范。

## 迟暮：岁月悄然褫夺青春

世界上最大的悲哀无非两种，一种是美人迟暮，另一种是英雄气短。当驰骋沙场的英雄垂垂老矣，被弃如敝履，无法在沙场上建功立业，而又回天无力的时刻，内心的悲凉可想而知；而美人在青春貌美的时刻享受人生，却不想韶光易逝，或者落得个"老大嫁作商人妇"，或者是孑然一身的形单影只。无论哪种结果都落得个凄凉的结局。

女人是最在乎自己面容的了，试想，一个年方二八的面容姣好的佳人，几十载就可能成为垂垂老矣的老妪，这样的落差哪个女子能够承受得了。即使是遗世独立如简·奥斯汀这样的才女，又怎么会没有丝毫的怅然？

从简写给卡桑德拉的信件中，我们可以洞悉她也十分惧怕时间老人这个不速之客的突然造访。

我们的舞会比我想象中的有意思多了。令人伤心的是，有这么多年轻的女孩子傻愣愣地站在那里，没有舞伴，而且她们每个人都露着肩膀，真难看！这里可是我们15年前跳舞的地方！我思前想后，有点难过，因为自己不再年轻……

——于1808年12月9日

他注意到了我，这让我很得意。他一定会认为我是"一位年轻漂亮的女士"。现在不能再故作年轻了，不过能多留住几年的青春和美貌，已经相当不错了。

——于1811年4月30日

最后我要说的是，虽然我注定不再年轻了，可是我发现，年长的妇女其实有很多让人羡慕的地方。比如说我自己吧，就可以躺在火炉旁的沙发上，想喝多少酒就喝多少。

——1813年11月6日

18世纪的欧洲远没有当今发达，科学和医疗水平还处于起步阶段，尽管工业革命的号角已经在日不落帝国吹响，但是简生活的时代还是工业革命的萌芽阶段。在社交场合上见到其他的年轻女子，相较之下，难免自惭形秽。这就是奥斯汀在1808年的书信中对年轻女孩子贬损的评价的原因，俗话说，好汉不提当年勇，但是当好汉唯一确证自己勇猛的证据只存在于当年时光中，不提及的话又怎能获得现实的自我确认呢？奥斯汀要大声宣告自己当年的青春靓丽，带着对现在年轻人的痛恨，或者说是对岁月的痛恨。

不过，她在接下来的两封书信中，还是坦然接受了时不我的现状，接受了已然苍老的事实。

即使被陌生的男子注意到，奥斯汀的推测也是对方一定错认为自己是一名年轻的女子，才会在熙熙攘攘的人群中投来赞许的目光。

这时候的奥斯汀是理智和清醒的。她明白爱情更倾向成为青年人的所属物，因为少有男人愿意从苍老的脸上去发掘什么内在美，捕获岁月沉淀的知性魅力。

奥斯汀终归是奥斯汀。她能够清醒地认识到衰老给女人带来的伤害，再到后来，她已经能够从老年生活中找到些旁人想不到的好处了。

没有婚姻枷锁的奥斯汀，虽然少了些甜蜜，但对确保一个人独善其身的自由自在倒是非常适宜的。可以一个人在日落黄昏的乡间别墅看日落，看到夜幕降临才欣然返回；可以在想喝酒的时候放肆地饮酒，在火炉旁的沙发上借酒力而豪情万丈，快意写下心中积蓄已久的情感和思考；可以在下着雨的天气里，不打伞，雨中漫步，感受和大自然肌肤相亲的喜悦；可以不为琐碎的家庭事物耗费太多的精力，尽情安排自己的时光。

这恰如一句歌词所描绘的，孤独果真是一个人的狂欢。

那个经历婚恋风波的李清照此刻肯定想要和奥斯汀分享老年心境吧。无独有偶，李清照的情感生活历经坎坷和蹉跎，虽然有短暂的甜蜜，更有痛彻心扉的伤痛。两次婚姻的经历更是让李清照对人世有了深刻的洞察，这与奥斯汀的不执着于年华已逝的超然洒脱一样弥足珍贵。

**风住尘香花已尽，日晚倦梳头。物是人非事事休，欲语泪先流。**
**闻说双溪春尚好，也拟泛轻舟。只恐双溪舴艋舟，载不动许多愁。**

——《武陵春》（李清照）

比起李清照，奥斯汀要幸运得多，毕竟一直生活在无忧无虑的社会环境中，没有经历过李清照那样的家国之乱，身世飘零。晚年的李清照独自咀嚼物是人非的境况，丝丝入扣的情绪渲染，愁苦悲伤的直抒胸臆，娓娓道来的无言之痛……在这首太过悲伤的诗词之后，是李清照直面现实惨烈的勇气。

无论是李清照，还是奥斯汀，都是坚强的铿锵玫瑰，是千百年来女性们纷纷效仿的精神楷模。

奥斯汀一定有某一个对镜自视的时刻，细细观察着眼角交错缠绕的细细纹路，作为岁月和人生逝去的见证，她感到这些眼角细纹的伟大和悲伤。在伦敦认识的哈顿医生和侄女范尼似乎有着暗暗的情愫，在范尼光洁的颈部的映照下，奥斯汀轻轻抚摸自己那有些褶皱的颈部，必定会有些淡淡的哀伤吧。在青春面前，女人总会自惭形秽，伴随青春而来的天真和无知，总能轻而易举地战胜苍老伴随着的成熟和从容。

终将老去是每个女性不可回避的宿命，机敏地绕过这个人世的苦痛不过是一个光荣的逃跑者。简·奥斯汀不想成为一个落跑逃兵，她坦言自己的哀老，表达对红颜已逝的慨叹，为自己书写一曲青春的墓志铭。

同时，奥斯汀的才华横溢在文学史的殿堂上为她铭刻了不朽，这与她对年华逝去的哀痛，不能不说是一种强烈的对比和张力。试想一下，如果奥斯汀没有这样心细如尘的敏感，又怎么会成为一个伟大的女作家？这种与常人无异的哀痛经由她那颗细腻坦荡的心灵，竟兀自缓缓弹奏出了一曲女性战胜时光的凯旋之歌。

这仿佛是向广大女性发出了一个信号：逝去的终归要逝去，没有人能够保证容颜不朽，一切试图挽留的行动不过是一个滑稽可笑的逗号，而适时地洒下几滴清泪，然后继续在人生的航程中风雨兼程，怀揣着的珍宝永远是对美好人性的追求和自我个性的完善。

杜拉斯在《情人》中用唯美的笔触表达了女性对苍老的特别感受。开篇即是一个男子对女主角的深情道白："我认识你，永远记得你。那时候你还年轻，人人都说你美。现在我是特地来告诉你，和你那时的面貌相比，我更爱你现在倍受摧残的容颜！"

女人和男人欣赏女人的角度从来都不一致，或许这世上唯有女人才能够恰如其分捕捉她们自身岁月外衣下的那些美丽和忧伤。

写出这番对话的杜拉斯是个深刻而自信的女人。

也许一个女人的真正魅力不是如娇艳花朵的青春岁月，也不是容易腐朽的美丽容颜，更不会是同样无法永恒的可爱性情，而正是杜拉斯所说的倍受摧残的容颜。

在这样的容颜背后是一个女性在岁月中积淀的些许愁苦、勇敢、聪慧、坚强，甚至是洞悉人世的练达，并在这练达之外保有女性特有的柔性之美。这是时光所无法消磨的，是任何强力都不能抵消的，是一个爱过但依然倔强的心灵投射出的五彩光芒。

## 离世：恋恋风尘的不舍诀别

如果说青春不再的迟暮是女人的一大悲哀的话，那么死亡更是每个人机会均等的一次人生大限，没有人能够躲过死神嘲弄的目光。

正当奥斯汀的创作达到鼎盛，在重写《苏珊》这部作品时，她的身体却仿佛跟她开了个玩笑，再没有往日生机勃勃的活力，而是给人一种病恹恹的感觉。

她不过才41岁，却有种昏昏欲睡的病痛感，整日打不起精神来，在一夜之间，全部的精气神仿佛都被吸走了一般，即使在挚爱的文学创作中，她依然无法保持注意力集中。

有过病痛经历的人，想必都体会过那种与病魔斗争的感觉吧。起初的时候，只是有些许的不适，当事人必然不会太在意，依然沉浸在对美好生活的规划中。病痛悄无声息地咬噬着身体的各个部分，当事人却全然不知，直到身体的痛苦似一声急剧的哨声鸣响了，她才浑然惊觉。

奥斯汀本不想纠结于自己的身体，人生有太多重要的事情要做，身体似乎远没有那么重要。卡桑德拉和哥哥们的建议肯定起了很大的作用，他们实在不忍心还不算苍老的妹妹在写作中油尽灯枯，而奥斯汀这样的创作狂人一直讳疾忌医，从不把自己的身体当回事。

1816 年 5 月，卡桑德拉陪同奥斯汀到了英格兰的契尔顿汉温泉进行疗养，她希望一方面对身心起到放松作用，另一方面尝试改善她的健康状况。虽然并没有对健康状况有多大的改善，但是在一年之后，也许是精神的作用吧，她感到自己的健康状况有了很大改善。

奥斯汀在最初与病魔的首轮斗争中取得了自己认为的胜利，于是又全身心地投入到了写作当中。文学创造对她来说，不只是一份养家糊口的职业，更多的是一种自我确认的追求，是体现自我人生价值的事业。甚至在写作当中，奥斯汀感觉到自己炽热的生命激情在燃烧，并发出耀眼的光芒。在这光芒映照下的奥斯汀，让人觉得无限的美丽。

奥斯汀的诊治医生利佛医生早就担忧奥斯汀的病情有愈演愈烈的趋势，没想到正如他所担忧的一般，奥斯汀活下来的机遇很渺茫。利佛医生将这个不幸的消息告诉除了奥斯汀以外的所有人，怕她承担不起这样的打击。开始的时候，大家都秘而不宣，打算寻找一个合适的时机再将真相告诉她。

中国古代有乐生恶死的传统，每每有亲人逝去，文人墨客总会在挥泪之余书写上几行奠文，纪念逝者，并聊以自慰。

苏轼追悼亡妇的《江城子》，凄婉动人。

十年生死两茫茫，不思量，自难忘。

千里孤坟，无处话凄凉。

纵使相逢应不识，尘满面，鬓如霜。

夜来幽梦忽还乡。小轩窗，正梳妆。

相顾无言，惟有泪千行。

料得年年肠断处：明月夜，短松冈。

未嫁的奥斯汀自不会收获这样缠绵悱恻的悼念之词，但亲人的缅怀也是份不小的慰藉了。卡桑德拉和哥哥们，还有侄子侄女们，每每想念奥斯汀的时候，就会拿出互通往来的信件阅读一番，久久无法释怀。

但此时，她甚至还不知晓自己的病情，以乐观的心情看待这表面无甚大碍而实际波涛汹涌的病痛折磨。

奥斯汀拖着病痛的身体，依旧抱着自己能够尽快痊愈的希望。在天气晴朗的日子里，她会坐上轻便的四轮马车访亲寻友，或者只是纯粹地为了透过马车的窗口看看阳光普照下的英伦乡镇的好风光。甚至在天气许可的时候，她叫自己的护工推着轮椅到绿草如茵的庭院里，欣赏着迤逦的自然风光，看卡桑德拉支着画架专注地记录下这份美好。

七月的某一天，亨利和詹姆斯终于以教士身份之名，坦率地告知她的病情。与预期相反的是，她一点也未受"惊吓"，像是在听别人的一个故事，随即平静地向两位兄弟表达自己的感激之情。

这需要多大的勇气和气魄呀！

哪个女人不希望在最脆弱的时候有个肩膀靠一靠，肆无忌惮地发上一通脾气，然后再戴上坚强的面具于凛冽中强颜欢笑。而她却能如此将生死置之度外，只淡淡地表达了自己的感激。

坚强如奥斯汀，但是弥留之际的她，总是有着矛盾的心情，心思细腻如奥斯汀这样的女子，在生命的最后时刻，也有一番曲曲折折的心思吧！

她一方面不想再为家人增加徒劳的负担和悲痛，另一方面又太过眷恋这个异彩纷呈的尘世，眷恋那些带给她快乐和伤痛的人事，甚至对因遗憾而美丽的人生心存感激。

可是天使挥动着白色的翅膀悄然降临，温柔地告诉她："时间到了。"

而在事情发生的七月十七日星期四这天，奥斯汀在家中突然晕厥，在异常痛苦的意识中表白了矛盾而真实的想法。

昏倒过去的她很快恢复了意识，口中喃喃为自己祷告："神啊，请您有些耐性吧！请为我祈祷，哦！请为我祷告吧！"而当卡桑德拉问及有何心愿的时候，她却说除去一死，再无其他了。

其实，慷慨赴死的奥斯汀对人世是有着无限眷恋的。

从晚上七点开始，经过几个小时的病痛折磨，七月十八日星期五凌晨四点三十分，简奥斯汀在她姐姐怀中与世长辞，享年四十二岁。

我们都知道，西方哲学中有着向死而生的传统。生理上的死亡并不是人生的归宿，而是另一种新生的开启。

奥斯汀以四十二岁的年纪黯然退出人生的舞台，这不能不叫人扼腕叹息，这似乎应了那一句古训，天妒英才。

可以说，简·奥斯汀的死亡很大程度上是当时的医疗水平的限制，在她逝世后一个多世纪，才有人披露她罹患的是何种疾病。1964年7月16日，《英国医学杂志》寇博医生的文章根据她的症状认为，她患的正是一种叫做艾迪生氏病——副肾被膜病所引起的一种疾病。但也有另外的一种说法认为，她罹患的是阿狄森氏病，一种局部病变引起肾上腺皮质细胞破坏。

更离奇的一种说法是奥斯汀可能是死于慢性砷中毒。英国罪案小说家琳赛·阿什福德无意中发现了一封奥斯汀的书信，里面有这样的话语："我现在好多了，面色也好了些，在这之前真的很糟糕，面色苍白中泛着黑，甚至还有不该出现的奇怪颜色。"而这正符合砷中毒的临床表现。并且确实有人从奥斯汀留下的头发中检测到了高度的砷。而患有风湿病的奥斯汀常常服用的治疗药物中就含有砷。

斯人已逝，再多的对其死因的探求也是于事无补，不过是为后来人多增添几分谈资而已。

200多年前的莎士比亚借助哈姆雷特说出的那句女性判词，"女人啊，你的名字叫脆弱。"却在19世纪的奥斯汀这里得到了反证。

英伦乡村的绿草如茵，女人们的长裙和蕾丝在空中飞扬，绅士的燕尾服，社交舞会的夜夜笙歌，奥斯汀在天国一定会继续欣赏这世俗生活的温情浪漫吧！

这不得不让21世纪的我们掩卷沉思，少了简·奥斯汀的闲情逸致，不管是单身还是已婚的女性，自我独享的时间似乎在日渐一日地稀薄，甚至被抽空。是觥筹交错的强颜欢笑，还是在柴米油盐的计算中日渐蹉跎？奥斯汀的人生路数，不能不说对当代女性是一种良性的启发。

有多少人能够坚持最初的梦想，勇往直前。多少次在黑夜中辗转反侧，无法入眠，是因为放弃个人原则的一次小小妥协，还是为了世俗的考量而做出违心的举动？一次次在明码标价的相亲市场上铩羽而归，总是告诉自己美好的爱情会在不远处等待，却因内心的焦虑而苦不堪言，甚至索性从善如流，嫁不了自己所爱的，就嫁个爱自己的，却不想言不由衷的结合背后是一次次由浅入深的伤害。

奥斯汀走了，她笑靥如花地走向通往彼岸的乐土，而我们生活的一方土地中，仍然不时盘旋着奥斯汀的幽灵，一次次地向我们展示女人能够拥有的高风亮节和倔强资本。

## 缅怀：「简姑妈神话」的建构

人们从没有忘记简·奥斯汀，英国人民也将这位才华横溢、个性出众的女作家引以为豪，甚至在前不久，英格兰银行将她的头像印到了新版 10 英镑的纸币上，代替了此前占据这一位置的英国生物学家查尔斯·达尔文，注重纸币人物多元性的英格兰银行给了喜爱奥斯汀的读者很大的鼓舞。而奥斯汀也成为了继英国女王伊莉莎白二世和英国护理学先驱弗洛伦斯·南丁格尔之后第三位登上纸币的女性。这样的荣誉让很多女作家难以匹敌。

而对奥斯汀的怀念还远远不止如此，2013 年正值奥斯汀的名著《傲慢与偏见》出版 200 周年，英国皇家邮政还专门发行了邮票纪念这位女作家的旷世名著，小说中的人物活灵活现地出现在邮票上，这对于同为集邮迷和简迷的人来说是很大的幸福。奥斯汀的伟大和被英伦人民喜爱的程度由此可以窥见。

生前小有名气的奥斯汀肯定没有想到自己在200年后能受到世人瞩目。这与她当年的境遇也是有很大差别的。而奥斯汀更是成为了一个全球产业的标志，只要是和奥斯汀扯上关系的文化产业，天然就被赋予了一种自然清新的家庭氛围，奥斯汀和现代主义的亲缘关系或许就在于此。

而奥斯汀的相关研究传记也纷纷出炉，尤其是奥斯汀亲友对她的回忆也纷纷占据了人们的视野。

侄女卡洛琳于1866年写了一本有关简·奥斯汀的家庭回忆录。

侄子爱德华·奥斯汀·李于1869年出版了《简·奥斯汀回忆录》向大众娓娓道来一个信仰坚定、操持家务、温和友爱的简姑妈，塑造了一个不可攀越的高峰和神话。

不管现实的奥斯汀是一种什么面目，在奥斯汀侄子笔下的姑妈奥斯汀是这样的一种风貌，即使是有神话的嫌疑，奥斯汀的成绩也能够媲美这样的殊荣，对于诸多热爱奥斯汀的人来说，这是非常完美的。

而奥斯汀的姐姐卡桑德拉在奥斯汀身后烧毁或者藏匿了奥斯汀的很多信件，只选择性地将部分信件进行公开和发表。这虽然有些在公众面前为奥斯汀营造完美形象的嫌疑，但是奥斯汀毕竟不是一个神，用过于苛求的目光要求这个女作家不食人间烟火，这显然也不现实。不管是实际生活中奥斯汀的刻薄，还是有如长舌妇一样的喜欢唠叨家长里短，这都不是问题。这样的奥斯汀在被人们过分敬畏的同时，才不失作为一个有血有肉的人的生动和鲜明。这也是对"简姑妈神话"的解构，奥斯汀是一个高峰，但显然不是不可超越的，这才不会有高处不胜寒之感。

这是公共人物的悲哀吧。人们似乎总是过分关切公众人物的私人问题，以满足茶余饭后的谈资之用，奥斯汀作为一个文化名人，又充满着扑朔迷离的传奇性，自然有着让后人兴趣十足的对其婚恋问题的挖掘。而且，对于公众人物又总有过高期望，希望他们无坚不摧，完美而毫无瑕疵。

不论是卡桑德拉还是爱德华，对奥斯汀投入的感情都是一种深沉的缅怀。即使是神化奥斯汀，也是出于血浓于水的亲情之爱，再者说，卡桑德拉也从另一方面希望妹妹的写作是一件单纯的事情，不希望她的个人隐私和文学创作过分地被人联想到一起，如若不然，这对一个作家来说也的确不够公平。

奥斯汀对于爱情和婚姻的矢志不渝的关切目光，使她作品永远也不会过时。不管是什么时代，只要有女性和男性的分工，就有爱情和婚姻的探讨的可能。文风平实自然，笔端又常有机智和反讽的智慧，更是一个偏向女知识分子的学院派人物，尽管只短暂接受过些微正式教育的奥斯汀与真正的"学院"相距甚远。

尽管奥斯汀是个后人难以望其项背的文化精英，但她始终还是与大众通俗文化有着深厚的血缘关系。学者专家们怀念奥斯汀，是出于一种对人性的关注和时代风俗的考察的角度，而男人们怀念奥斯汀是复制了他们对前维多利亚时代的淑女想象，女人们怀念奥斯汀是将奥斯汀视为一个成功女性的先行者，即使没有坐拥爱情和婚姻，但她绝对有资格对女性的情爱大谈特谈，甚至通俗地理解的话，她的作品都可理解为爱情实用手册。

这就可以理解，一部戏仿奥斯汀作品的《BJ单身日记》由英国女作家海伦·菲尔丁于1996年发表，这部小说一经上市即成为当年的畅销小说，这部现代版的《傲慢与偏见》更于2001年被改编成电影，搬上大荧屏，轰动了全球。女主人公BJ俨然是一个当代版的伊丽莎白·班奈特，不漂亮，也没有什么特别出众之处，当然性格是特别讨巧而有独立个性，显然，当代版的伊丽莎白的生活更加辛苦，不但要追求爱情，还要努力工作。这也是这部戏仿之作更能引起世界女性共鸣的原因。女主人公BJ几乎成为了每个单身女性都争相讨论的时髦话题。

从《BJ单身日记》的风行可以看出奥斯汀影响的绵长，一部戏仿奥斯汀作品的当代小说唤醒了民众对奥斯汀的美好记忆和内心深处的留恋。

这部小说是奥斯汀的文学晚辈向偶像的致敬，从一定程度上来看，也是对奥斯汀最为深切的缅怀。

女作家海伦笔下BJ的爱情故事是直接受奥斯汀影响的，还有很多爱情故事虽然和奥斯汀没有关系，但从精神内涵上来看也是奥斯汀式的。即使是有些偶像化的韩剧，也纷纷有意借鉴奥斯汀小说对男女问题关怀的视角，展开自己的故事，2005年度韩剧《我叫金三顺》几乎让当年的韩国女性为之疯狂，收视率一路狂飙，这部颠覆以往玛丽苏情结的偶像剧以丑女逆袭、战胜女神而终获得王子爱情的女性励志故事，显然是有些夸张和轻度喜剧感的《傲慢与偏见》。身份和地位都优越的王子最终被灰姑娘吸引，灰姑娘不同于女神之处显示了她的真率可爱的个性。

奥斯汀的影响当然不止于此，各种奥斯汀的小说所改编的电影和电视作品层出不穷，而且大多能迎来众多女性观众的追捧，人们甚至对每个奥斯汀名著改编的作品进行积极的对照和比较，全球的女人都为奥斯汀和她笔下的绝对女主角而疯狂。

奥斯汀对女人的了解让女人们视她为姐妹和知音，而男人们大概也会很感激奥斯汀很好地表达和描摹了女人的心理，以方便他们取悦女性。从奥斯汀的成名路来看，她真正的大红大紫除了要感谢自己的才华、同时代的司各特和摄政王等人的推崇，更有后来女性主义者们对奥斯汀不约而同地借用，她们声称奥斯汀是为女性代言的先驱。

不管出于何种动机的推崇，奥斯汀已经成为了不可绕过的话题、文学殿堂中不可错过的精彩。

斯人已逝，斯人的精神不朽。《成为简·奥斯汀》中尽管过于虚构和理想化，但笔耕不辍的安妮·海瑟薇饰演的奥斯汀还是给世人留下了一个美丽的背影，其潜台词是告诉所有的女性：即使是天才，也需要勤奋，而独立勤奋的女性，会赢得他人的尊重，活出真我。

一千个读者有一千个哈姆雷特，不同的人对奥斯汀的解读势必千差万别，而这不同的理解势必造成我们对奥斯汀不同的缅怀。不管如何，奥斯汀还是成为了全世界至今仍让人念念不忘的一个独立的女性，一张熠熠生辉的文化标签。

缅怀是一种态度。